El Caminante. Veredas del olvido

El Caminante

Veredas del olvido

DE:

DE LEÓN ISAMAR.

Círculo Rojo
EDITORIAL

Primera edición: mayo 2019

Depósito legal: AL 955-2019

ISBN: 978-84-1331-049-7

Impresión y encuadernación: Editorial Círculo Rojo

© Del texto: León Isamar
© Maquetación y diseño: Equipo de Editorial Círculo Rojo
© Fotografía de cubierta: pixart

Editorial Círculo Rojo

www.editorialcirculorojo.com

info@editorialcirculorojo.com

Impreso en España — Printed in Spain

El papel utilizado para imprimir este libro es 100% libre de cloro y, por tanto, **ecológico**.

A Annette Caro De León.
Richard Fraser
Ainsworth Morris.
A mi padre que en paz
descanse.
A mis fieles lectores por
confiar en mí y darme fuerzas
para seguir.

1

Ando deambulando por las veredas del olvido, muy cerca del recuerdo de lo que pudo haber sido; no conozco el camino, es tan incierto como mi destino, pero sigo dando pequeños pasos, movido por una fuerza que calienta mi cabeza. A veces, los destellos brillantes que danzan en la noche, logran convencerme de reposar junto a un árbol viejo, consiguiendo siempre una epifanía, donde el espíritu manso de larga cabellera y ojos de viento trae guijarros humedecidos a mi sedienta boca.

Hoy, muy temprano, el rocío lavó mi rostro y el sol muy amable hizo el gesto de pasar al ruiseñor. Estoy hambriento y debo seguir caminando, me rige siempre un reloj de polvo y viento, y no falla esa brisa fresca o cálida para saber si está naciendo el día, o mueren mis ilusiones en la sombra de otro árbol que vuelve ligero los silencios por el movimiento de las hojas.

Mis pasos dejan huellas de luz sobre la tierra, luces de ciudad que se apagan con el duelo; me mueven los temblores del desconsuelo y no estoy triste, solo voy abrazado al dolor porque el amor camina con prisa y nunca se deja alcanzar.

Ahora todo es real, y mi cuerpo pide a gritos un techo, pero el vacío de mi corazón necesita el martirio para saber que estoy vivo.

Cruzo una frontera invisible y diviso un desierto pueblo. No hay más que el cielo y unos techos sin dueños, pero huelo la sazón en el patio de una casa pequeña; dialogo rápidamente con mi estómago dándome un empujón hacia la cerca y, sin necesidad de alzar la voz, sale un niño con un palo mal cortado, fino y doblado; le hago señas y me siento ignorado, es que acaso le doy miedo. Tengo la voz cosida al estómago y llamo perennemente, casi mudo, casi muerto; aparece un señor de jodido mal vivir, vestido con la destrucción de la crisis que ha devorado la más mínima esperanza; puedo verlo; él me observa con ojos extraños, pero me parecen conocidos, evito mis pensamientos y le saludo. Y escucho su voz.

—Pase usted caballero o vagabundo, aquí será bien servido con lo poco que tenemos.

Y es la mesa quien cuida de los suyos y de los extraños, da sustento a un pan viejo, a un jarro de agua y unas habichuelas rojas con olor a miseria, pero qué sería de este plato sin ellas. Sentados a la mesa, nadie reza y eso me reconforta, solo percibo la mirada ausente del niño y siento la oscuridad que le atrapa; el pequeño palpa y no encuentra los cubiertos; la bondad de la madre se desparrama, deja de saciarse y carga una caricia a la boca del niño, su pecho se abre y sé que ya puede ver su rostro.

—No hay vida después de la muerte —repite dos veces su padre y se levanta despavorido con una bolsa en las manos; yo no sé porque le sigo, pero voy detrás, entre comillas, de guardián.

Llegamos a una esquina muerta, donde la tierra y la lluvia fueron amantes; él remueve la tierra y pone un grano; encima de esa tierra puedo ver a un hombre y a un grano que entablan un sincero diálogo de desahogo y, como si lo tímido se esfumara, tomo de la bolsa unos granos y me uno a la terapia, al compás de unos pensamientos de qué pudo haber sido.

Pasa el sol por encima de mi espalda, las luciérnagas guían nuestros pasos y el silencio dice tanto, el grito de mis pensamientos toca los nidos de los pájaros que se espantan. Hemos llegado frente al techo que cobija sus penas y esperanzas; donde se calienta el seno que da alimento al niño, y donde el niño mastica su propia desdicha. Yo descanso a un lado de las ventanas, muy cerca de la puerta, observando la madera que ha tomado vida con la noche y reclinan sus vigas sobre el recuerdo de un árbol mutilado. Cierro las ventanas de mi alma; esta noche mi garganta seca cuelga la lengua húmeda sobre una pequeña luz que se asoma por el techo, se desploma lentamente sobre mis pies y me pregunto por qué ha venido a verme esa figura de ojos tristes y serenos.

Dejo atrás el maíz y al niño, retomo el sendero que conduce a ningún lado; soy comandante del cielo y seduzco los paisajes con una elegante mirada; los rayos del sol se han sentido libres en mi piel; soy el modelo del suelo y solo caminando siento que cambia mi suerte. No soy un furtivo cazador, no me engaña mi propia vestimenta ni lo rancio de mis pelos; se abrió mi pecho y mis piernas son de acero, pero no transmito ningún peligro para el camino que se dibuja junto al néctar de las flores o los sabores de las frutas más frescas, teniendo siempre ese dulce encuentro con la naturaleza en su estado más natural. Observo los colores de las mariposas que pasan apresuradas ¿Llevarán el tiempo de nacer a las flores? Y las hormigas que pasan bravas, ¿llevarán consigo un traidor a su reina? Es el espectáculo de una orquesta que afina mis sentidos por la cámara de mis sueños tendidos; se acaban mis horas de hastío cuando veo los pájaros en el cielo y me siento como pájaro, y regreso al lado de algún tesoro olvidado, con canto enaltecido y plumas relucidas por mis deseos.

Nunca rezo. No creo que la lluvia caiga del cielo sino de donde yo lleve la mirada; el viento es movido por otro viento y las nubes son almohadillas del cielo. Soy mi propia ruta y, aunque no soy feliz, tampoco estoy triste; aquí, en la línea del camino adivino que es más larga mi vida, porque abrazo solo el instante de los pueblos y no pretendo llenar mi escasez con café y pan, sino con agua y vida, con la frescura del río y de un dulce mango.

Sin desearlo —tal vez por eso he llegado— observo la presentación de un pueblo en movimiento, pero me llama la atención una pequeña casa de techo de palmas y una galería amplia que se traga toda la casa, con una única decoración, que es una vieja mecedora. El viento la mece y aparece, casi despegando el suelo con los pies, una humilde anciana; sus manos balancean el plato y su boca no tiene el control de sus pocos dientes. Ya soy a su lado un prisionero de sus viejas historias, el sabor de la comida se asemeja a la arena, saco una fruta y sonríe agradecida.

Puedo notar que no le gusta el silencio; habla de los años de su juventud, de que al no ser nunca su tierra fértil ha quedado sola, no germinó su semilla y esto terminó con sus ilusiones. Su historia pertenece a un niño y a un hombre; a dos corazones que aún lleva en sus pensamientos; el masoquismo tomando forma de amor, así ha sido muchas veces.

La anciana cuenta que antes fue arropada por la fama. Cantaba en los salones y luego por los teatros creando los más grandes espectáculos. Dolores Fuentes —así la llamaban— pero conocida como la encanta hombres, por su peculiar voz que moldeaba sus caderas y extasiaba sin más a cualquiera que la oyera. Conoció a tantos pero solo amó a uno. Placencio López, un abogado que destripaba a los ignorantes con su propia ignorancia. Era casado, y recién había tenido la dicha de ser padre, pero pasaba su tiempo en los bares y restaurantes vendiendo sueños y estableciendo una reputación de saberlo todo. Un día, paseando sus ojos por el escenario, hubo un choque de miradas y más tarde conversaron toda la noche y no hizo falta más que dos encuentros para que el sudor empapara sus sábanas y entrelazaran sus cuerpos entre gemidos, y ese olor que desprende un lujurioso encuentro de dos amantes con diferentes ideas de lo que representa cada beso.

Surgió del deseo el pecado, y se sintieron libres para mostrar sus pasiones frente a amigos y compañeros del trabajo. Placencio olvidó a su esposa y ella le olvidó en la lejanía de otros brazos en otro pueblo, lejos del murmullo y la vergüenza que había causado su inminente exesposo. El único detalle fue que dejó el niño a cargo de su padre.

Dolores, sabiendo ya la condición de su vientre, no dudó un segundo en llamarle pronto hijo. Se mudaron los tres y Placencio dejó el trabajo por los tragos y una acomodada vida con el sueldo de Dolores.

El niño creció junto con la fe cristiana de su padre; ahora la algarabía de las tinieblas fue asentada por la luz. Dolores le parecía mundana, por lo que, además de que dormía en otra cama, rezaba noche y día por su alma, por la de él mismo, y así poco a poco apenas se fueron saludando. Ella se enfocó en proteger a aquel muchacho de carácter fuerte y facciones rasgadas, le quería como al hijo que nunca tuvo y que nunca tendría. Y fue así en una noche de otoño cuando regresaba de cantar en el bar Morrison que descubrió el beso más triste. Encontró hecho su equipaje; su mirada anunciaba una despedida sellada con el dolor de sus pupilas. No podía alejarlo del vientre de su verdadera madre. Y así desarmó su vida alegre convirtiéndola en una extraña de su propia mirada. Ya ni siquiera cantaba, y esperaba sentada recibir alguna carta, no sabía su dirección ni la ciudad dónde se encontraba. Placencio se marchó igualmente de su lado porque decía que un buen cristiano debe alejarse de la tentación, y él la veía como una prostituta de su voz. Ella le suplicó varias veces; le rogó que, por favor, le diera algún indicio de dónde se encontraba su «hijo», y no hubo más que represiones y recitaciones de algún capítulo de la biblia, siempre con el tema a tratar de la mujer deshonesta y pecadora —arrepiéntete, mujer inmunda—, decía en voz alta mientras ella lloraba sin consolación alguna.

Puedo adivinar sus próximas palabras; sé qué va a decir ahora; aunque parezca tonto puedo ver que más allá de su triste mirada aún hay esperanza de volver a ver a aquel niño, aunque sea una vez más, tirada al olvido. La tierra pronto se tragará su cuerpo y bailarán sus huesos con el frío de la noche; me temo que intuye lo cerca que está de su muerte y por eso delira, confundiéndome con su hijo. Me obliga a abrazarla y, convertida en llanto, me pregunta una y otra vez por qué la abandoné.

Va muriendo el día y la anciana descansa sus canas blancas en un catre viejo. Parece que muere despierta, la arropa la nostalgia y pasa a su lado un escarabajo sacudiéndole los hombros; creo que también quiere asesorarse de que aún esté viva. A mí me invade también un sentimiento extraño. Tirado en una esquina, siento que el sueño me visita y veo una cara curtida por el viento, me encanta cómo corre a acariciar a la anciana, sus ojos se cierran suaves y vuela alto el velo blanco. Ligero, junto a su pelo, junto a sus brazos de plumas blancas, se despide sin prisa y se apaga la luz de la luna.

Otro día en que mi sangre fluye tibiamente por las calles de este extraño pueblo, el dolor de la anciana me acompaña, es una dócil alianza por la semejanza de su duelo y el mío. Lentamente y como un profeta sin dios, avanzo hacia un pequeño parque, me miran de reojo dos huérfanos de esperanza, les saludo con un gesto de manos y puedo ver celos de que vaya calzado, paso entonces a la fría banca que espera el calor de mis nalgas. Me voy a París y observo la belleza de la torre Eiffel; siempre me han resultado banales las revistas y salto a la página de la realidad, puedo notar que no hay mucha diferencia, somos una falsa ilusión de lo que deseamos, nos mienten nuestras propias palabras, es autopublicidad limitada por el valor que elijas seguir.

Pasan dos niños pidiendo monedas, dicen que ha muerto su madre y que no hay nadie que les alimente; les miro pensando en la inocencia que debe albergar sus trapos sucios, en cómo puede permitir aquel dios del que todos hablan de que ocurran tantas injusticias. Es cruel ver sufrir a un niño; él es maleable y moldeable, sincero, y les corrompemos poco a poco, sin ser conscientes de ello o, peor aún, sabiéndolo. Empezamos a decirles cuando nos llaman a la casa que mientan por nosotros, que digan que no nos encontramos si es de alguna deuda la llamada, y así empieza la primera mentira, y luego le regañamos por mentir.

Saco de la bolsa dos frutas y se las ofrezco, nada más tengo ni nada más anhelo pero, al tomarlas, son arrojadas al suelo. Me pregunto si me había equivocado y había escuchado mal cuando mencionaron que se encontraban hambrientos. Salen huyendo y enojados dirigiéndose a una señora joven y elegante quien inmediatamente saca de su bolso unas monedas. Escucho una risa burlona de detrás de mí, volteo y en la otra banca, a mis espaldas, se encuentra un señor de unos cafeteros años pero muy bien tomados. Le miro preguntándole sin palabras qué le ha causado tanta gracia, parece que ha adivinado mi expresión y empieza a decir: «El mundo ya no es como antes, ya no gira, ahora solo permanece suspendido como marioneta por una destrucción de principios. La inocencia es una palabra desconocida, los valores se perdieron junto con los dientes de leche. Esos niños no tienen la culpa de su inmadurez, pero querían dinero para apostarlos en juegos de canicas, cerca del mercado. Vaya que es una tontería, ¿verdad? Pero, ¡cuánto pesarán sus acciones mañana!»

Ríe con nostalgia y asiento asimilando sus justas palabras. Él mismo se hace preguntas y respuestas, y yo le escucho atento, tratando de canalizar su descontento con el mundo. Sé que no damos a cada cual lo suyo, ni por conciencia interna ni mucho menos por mandato divino; no necesito ni lo bueno ni lo malo, porque solo soy un pasajero de un pasado futuro. No recuerdo haber conocido a un hombre tan ordinario con filosofía tan extraordinaria. De vez en cuando se fundía el hierro de la banca con sus palabras, y pausaba un elevado momento la brisa fresca. Me sorprendió que fuera doctor, pues su enorme panza buscaba que imaginara un enorme barril de cerveza. Qué extraño personaje, tan culto y a la vez tan bruto. Me habló de la curación física y de la importancia del alma que es la paloma blanca de los corazones en guerra.

Me mira de arriba abajo y, sin embargo, no hubo rechazo, solo aceptación que mostró con un techo que odiaba pero que necesitaría para la tormenta que se aproximaba. ¡Ay, la tormenta en mi cabeza! Acabo de conocerle y le aseguro que solo hay bondad y pasión. Es el único doctor del pueblo y resulta que es bien querido. Me ha invitado a pasar unos días en su casa, de techo alto y piso de madera; vive con su hija Leticia, una muchacha decente y fiel a sus valores. Adam reavivó una flama que creí apagada; las palabras sabias se incrustan muy dentro del alma, y llevan a la reflexión frenando las frías emociones de la razón. Francamente hice una observación y es que no entiendo cómo unas manos tan toscas pueden hacer sentir tan cómodos a los niños. Quiero demostrarle que estoy curado y que ya puedo irme. Camino ensayando una sonrisa con la duquesa en mano. Ensayo las razones de mi felicidad, pestaña mi sonrisa, apresuro el paso y alcanzo una brisa fresca a plena esquina de la plaza, y de ahí mi mirada se hizo heroína de una novela rosa y hermosa cabellera. Le doy mis manos, se sacude la falda y, sus ojos grandes y anaranjados, contuvieron el capricho de una insistencia por volver a encontrarla. Pensaba, pensaba que si caminaba de nuevo ensayando la misma sonrisa, a la misma hora y por la misma plaza, podría volver a sentir su aire fresco y sus cálidas manos devolverían el sosiego a mis días. Nunca volvería a verla, porque al ensayar las razones de mi felicidad solo estaba ella, y esta vez yo la miraba dispuesto a sufrir por ella.

Camino por otras calles, por las que llevan a los caballeros a usar sombreros, a las damas a desvestirse en la madrugada, por las de las verduras y las de los curas. Entré a la ópera al llegarme un acorde de piano y la vi, dándole a la luna su brillo, y se lleva a los labios el terror de acercarme. La espero sentado, conversando con las criaturas de la noche, sale y sus pasos imprecisos hacen ver un baile. Bailo detrás de ella implorando que se diera la vuelta y abrazara también esta emoción por la cual no dormía ya varios días. La desesperación penetra mi ánimo, y la llamo; se ahoga mi voz; empiezo a perder el sentido; carga una cama mi cuerpo y no supongo nada; permito que la locura haga uso de mí, es cruel la razón que asegura que todo ha sido un sueño.

Mis fuerzas se consumen en cada cara que a ella se asemeja, las siluetas en las ventanas son dulce amargura, ya me conocen los locos y los perros no me ladran, conozco el olor de cada calle, me he convertido en el guardián del suelo en donde pisó y borró la huella.

Camino por la calle 5ta, hilvanando nuevas ilusiones, tejiendo el mismo pensamiento para impulsar mi cuerpo. Entonces paso muy cerca de la pescadería Don Lolo, casi rozándole la cola a un mero y me agarra por la camisa humedecida por mis temores; escucho sus quejas; cree que paso noche y día porque tramo robarle sus pescados; dice estar seguro de mi plan, que ya han desaparecido dos langostas y que ese silencio mío dice más que mil escamas. Le miro y veo su rostro hundido en una rabia que se derrama por el hueco de sus ojos, ha perdido la mitad de su pelo y por lo delgado de su cuerpo, se podría decir que hace mucho tiempo no come nada.

Doy pie y aparece lamiendo mis zapatos la ternura de unos ojos sinceros; acaricio y apruebo sus juegos; tiene un ladrido joven y su cola mueve de lado a lado dejándome saber de su agrado. Me despido alzando la vista y, después de dos esquinas, siento la tentación de voltearme y ahí estaba el lamebotas, siguiendo a un sonámbulo enamorado. Ahora, ¿adónde vamos?. Iremos a chapotear las aguas poco profundas, a sentir el césped sobre nuestras espaldas; vamos por el camino que conduce al arroyo, nademos como peces de amplia cola, que las corrientes duerman mi corazón. Recostado ya sobre la hierba que acuchillea mi cuello, entiendo el masoquismo y me rindo, paso de viento a piedra y ahí me quedo, penando junto a mis pesares, solo con la ligereza de ser arrastrado, señalando el polvo mi camino.

Contemplo solemne la cara de una nube y es la primera vez, después de varias semanas, que no me dice nada, que no adivino su nombre ni subo a buscarla; comprendo entonces que puedo seguir con mis andanzas. De rodillas me anivelo junto al lamebotas y le ruego que por favor no me siga. Es inútil. Lame mi cara y le dejo seguirme justo por donde vinimos. Llegamos a la calle y le lanzo una mentira, escapo huyendo del fiel amigo con cadena de plata.

Iba a echar de menos al pueblo, al señor Adam que confió sus encargos medicinales. Me despido de la intensidad de mi trama y elijo el polvo antes que la talbia. Pretendo que las circunstancias no cambian nada, y que sigo neutral ante el frío y la oscuridad. Me he librado de ser feliz o del rechazo. Alzo los hombros para luego dejarlos caer lentamente en posición de agarrar el giro del camino. Me posee esa brisa aromática; lo salvaje y lo dulce, la abeja y la flor; la noche me lleva a una cita con un desdeñoso árbol y resoplo su tronco, acomodo mi espalda y quedo preso de su corteza que sirve como manta. Comienza a sonar el instrumental de la noche, los grillos en sus violines y las hojas secas arrastradas tumban mis ojos y viene posesiva, justo en frente, más resplandeciente una mujer que toma mi mano y devuelve un geranio, la había olvidado. La olvidé…, temo recordarla.

El rocío se contiene en las hojas como pequeños diamantes o espejuelos de la débil suerte del tiempo; el comienzo que sonríe al poeta; mi risa macabra tiñe las líneas con indiferencia, introduzco mi mano en el interior del cuaderno y le hago sangrar palabras de disgusto, presencia una historia que hilvano con letras furtivas, se desnuda la última palabra como prostituta en una esquina, ya no paso a la caza de la siguiente página y cierro el capítulo con la única esperanza de que tal vez habrá un mañana y que, si no, rodeará el viento cada página y el aleteo de las letras irán a esos lugares, donde mi quietud se altera y donde esos huracanes negaron mi calma. En la casa de la araña, el rocío se esconde y bajo el sol naciente su fantasma se marcha a esperar silencioso, como muere el ruido de la tarde frente a mis ojos cobardes, en pleno vuelo queda suspendido en el centro, entre luz y sombra, colgado a mis ojos.

Los trenes pasan por mi espalda como una máquina que se apodera de mis huesos; doy marcha al vapor de mi aliento y aplasto la tierra grabando ingenuamente una red que atrapa la mosca muerta. Observo la luz del sol, ese globo que me sigue a todos lados, que se tumba en el horizonte y enfoca cada rincón del día. Aplasto al insecto que osa introducirse por mi memoria, se acercan las sirenas alarmantes de las ranas en el estanque, la libertad les reseca la lengua, a mí me arde la frente que firme marcha, siempre delante, hacia el frente, cautiva de un fragmento de secos sesos y pegada al rostro desnutrido, de los abandonados que sobreviven a las eras.

En medio del camino se transforman las siluetas de un sobreviviente, libero mi curiosidad y se la ofrezco con el ceño fruncido, posesivo cuido el lodo y el barro. Sabe hablar y es insistente, sus palabras crudas empalagan mi tolerancia, es capaz de devorar mi mano derecha con sus grandes ojos; es un reloj de pared, una reliquia de armario, un perfume sin fragancia y ni siquiera percibe mi apatía hacia él. Me temía que era la pobre lombriz de la carnada. Dejaré la publicidad y que resista las membresías del camino: sesenta catálogos sobre hiervas y frutas venenosas, el episodio de un animal hambriento y el lujo de morir deshidratado justo al lado del estanque.

«Aquí deja a un buen amigo». Me temía, me temo que es un hombre de sueño, y yo soy esa forma de pesadilla que acostumbra al carbón a ser cenizas.

Alcanzo a mi ser imaginario y le dejo atrás. Oigo voces a la altura de la mandíbula, repiten que el purgatorio es para todos y de pronto está borroso y más cerca el fuego; el purgatorio es para todos ¡el purgatorio es para mí! ¿Por qué golpean esas manos mi rostro? ¿Por qué moja mis labios un cántaro viejo? No entiendo el idioma de un desmayo, afinco los codos y pestañeo como pajarito aprendiendo a volar. Están descompuestas mis rodillas y esa vocecita me enfurece y, de repente, se apodera de mí un macabro impulso, y le veo caer como pétalo de flor deshojada.

Conciencia vete a servir a otro lado, yo ya estoy harto de tus sermones. Sé que no me dejarás tranquilo, así que respiro profundo y me hundo en un patético perdón, mi mano aprieta la suya y escucho cómo se quiebra, no puedo evitar una sonrisa, pero no me descuido y me uno melancólico a la marcha de mis demonios.

—¿Has ido al infierno? —Le pregunto.

—No hagas bromas con Dios. —Me responde.

—¡Es el infierno de Dios! —Le aseguro.

Perdón, perdón, son estos cambios de paisaje, me recuerdan lo poco que sé de mí; si tuve una madre, si fue fiel a mi padre, si jugué con Deborah, si besé a Susana, no he comido nada y se me irrita el estómago, el desconocido lo nota y me ofrece un manjar, mejor dicho "me promete un majar". Dice que tiene algo para comer y yo acepto encantado. Empieza la cacería. Con manzana y arco está en riesgo mi cabeza, si ha de fallar siempre cuento con las frutas salvajes habitadas por pequeños comensales que me saben a carne. Espero sin participar del evento chistoso. Por el ojo hambriento lo veo llegar, trae un pavo real. ¿Es otro recorrido de mi imaginación por mi falsa realidad? No, son plumas reales. El fuego inflama la carne y el bosque alegre vigila la gula de chuparnos hasta los huesos.

El fuego arde y enciende la luz en la oscuridad, hace sombras detrás de sus llamas, me vigila soltando pequeñas chispas y danzando junto a la leña, me coquetea y decido avivarlo, me seduce su intensidad y le observo sumergido en un solo deseo: que se consuma, que me consuma la memoria, que pueda renacer como el Ave Fénix. El desconocido interrumpe mis pensamientos, y le estoy agradecido porque por un momento creí que me ardía el rostro y que ya estaban por esparcir mis cenizas en algún lugar de un pozo seco. Empieza a cantar una canción y me parece conocida, siento que se apodera de mí el espíritu de un chamán. La letra de la canción es sobre un ángel fértil que da vida después de la muerte, que camina por los caminos del infierno rescatando almas, sin temor a que sus hermosas alas sean quemadas; va regando semillas y cavando pozos, haciendo de muchas calles del infierno un lugar habitable. Esta noche puedo notar que los grillos no acompañan nuestro canto; noto también que el aire duerme, los árboles hacen silencio y sus raíces no buscan más tierra. Esa voz, esa historia, el tono de un trovador fugitivo que hace que la atmósfera desprenda gases para adormecer y solo compadecerse de la tragedia que marcó su vida con cicatrices imborrables (que no cicatrizan), la definición del uso correcto de una palabra que es pedagógica al dolor.

Me resulta inefable que un hombre tan etéreo haya sufrido tanto; siento, aun después de su silencio, que sigue hablando el esplín de su piel; sufro por él; me coloco en posición de alcanzar la luna y sale de repente una gota salada de mi ojo, solo una, no hace falta seguir regando con falsas promesas, una tierra que muere lentamente con la contaminación de unos seres "humanos", que actúan contra todo.

Cambiamos de turno. Mientras me dispongo a dormir, el viento se agita y viene a mí para despertarme. ¿Qué quiere ahora? Sopla mi cara, pestañeo y siento un apretón en el pecho: siento que me acunan y reposo mi alma.

Buenos días, rocío el tronco de un árbol con mi orina y, como lobo, marco mi territorio. Respiro el petricor de la tierra mojada; tomo una hoja de menta y soplo sobre mi mano. Buenos días, estiro una vez más mi espalda y observo cómo se levanta el sol. El trino de los pájaros pone de buen humor mi espíritu, el verde me da esperanza y sé que será un gran día. Buenos días, el extraño no se levanta. Me acerco lentamente y viene a mí una ráfaga que pasa rápido por mi mente, puede que el dolor lo haya matado. Tiemblan mis manos y, con terror, le sacudo los hombros. Empieza a toser y siento alivio de que solo esté enfermo. Debo seguir caminando, ya me repele este lado del bosque y me siento preso de un mismo paisaje. El desconocido está, además de su destelengado cuerpo, tirado como una vara arrugada y doblada, débil y, sobre todo, quieto.

Como si lo hubiesen pegado al suelo de costado y amenazado con matarlo si se mueve. Hoy será un gran día, me repito para mis adentros, y concientizo mis pensamientos. No puedo abandonarlo y tampoco se puede servir por él mismo; es tan simple como saber qué va a pasar ahora. Su tos se vuelve más aguda y aquí voy de enfermero a tocar su frente. Tiene fiebre, ¿qué será...? Le doy varios sorbos de agua y me adentro al bosque en busca de plantas medicinales. Recordé mi estancia con el señor Adam y cuando alguien se encontraba resfriado para que no se derivara en complicaciones más serias, entonces me mandaba al bosque por aquilea y menta piperita.

Silbo esquivando los troncos del camino, la maleza se aproxima y caigo desbocado por un matorral. Un mal que sirve para bien, ruedo, ruedo, ruedo, y encuentro en frente otra planta medicinal, mucho más efectiva; la tomo y de regreso doy la vuelta al bosque y encuentro un río que insiste en refrescarme. Azul, azul, verde, blanco, frío, tomo un sorbo y es dulce. Es la miel de las montañas, baja directo desde el corazón de la reina de los bosques. Recuerdo que debo seguir y pauso el éxtasis para cuando el desconocido se haya curado. Miro bien las cortinas de los árboles y voy dejando marcas para no perderme. Me aproximo al enfermo y toco nuevamente su sudorosa frente, respira el vapor de los trenes del holocausto. Coloco tres piedras puntiagudas y enciendo el fuego, pretendo hervir las hierbas y hacer una infusión, que aunque no tenga el sabor aromático de las grandes pastelerías, ésta al menos pueda salvarle la vida, necesito que se recupere para que cargue él mismo con su cuerpo flácido.

Ha saboreado el amargo de las hierbas, el dulce de la flor y el ácido del limón. Llevo esperando un atardecer y, tentado por no caer en desgracia y cargar con el muerto, acurruco su cuerpo con una manta de luna. La oscuridad aparece y la fogata es nuevamente la protagonista, calientes y a salvo de los búhos, plancho sereno mi cuerpo sobre las hojas secas, sobre la piel de la tierra seca. Me pierdo en Orión; me reencuentro en una nueva constelación, la que he creado yo, que le sonríe a los niños abandonados y guía los pasos de los campesinos. Escucho la voz del desconocido, pide agua. Se la doy, empieza a reír y se echa a dormir, pero esta vez con el estruendo que elevó mi imaginación a un terremoto. Ignoro su rancio dormir y me acomodo, saco a la Duquesa de mi bolso, es tan bella… Huele a flor vieja con una historia eternamente bella. La abro y beso sus lunares. Dama fiel que da inspiración al que la lee, y a mí me da un viaje por la inspiración. Navego en sus sueños e ilusiones, contemplo cada palabra, y anhelo el don de las letras. Ensayo en el interior del cuerpo de mi cuaderno y no logro amar de tal modo como a la Duquesa. Me pregunto por qué no nacen de mi puño y letra palabras tan simples y llenas de fuerza; en qué pensaban los grandes poetas; a quién iban dedicadas esas lámparas de luz. Está mi casa tan oscura… No puedo ver cómo se crean las más bellas ensoñaciones; he estado tanto tiempo sobre las orillas del abismo que a veces dudo si podré salvar mi alma.

En el bosque el tiempo no tiene manecillas, hay luces que marcan la hora: luz que nace, luz tenue, luz que muere. Ahora, ya de mañana, midiendo las fuerzas de las luces, adivino la hora. Son las 9:30am, ya puedo levantar mi saco de huesos. El enfermo está sentando, reponiendo energías, preparándose con ejercicios mentales, lo sé porque yo también hice eso. Antes de irnos necesito volver al río al que bauticé: Azul. Preparamos unos zumos y tomamos energía de una hoja natural. En marcha, está muy escondido del camino, así que debo apartar la maleza para que el extraño pueda pasar. Vaya carga que me ha tocado. Antes, solo, podría ir más de prisa, no me paraba a rezar a nadie y mis pensamientos no eran interrumpidos. Llegamos, puedo sentir cómo bajan las nubes a cargar mi espalda, estoy flotando en el aire. Los peces me sonríen y quitan la piel muerta de mis pies y manos. Hay uno incluso que me ha saludado, creo que me conoce de algún otro lado. El frío me despierta el ser y ahora vivo, invito al desconocido a probar de inmediato un energizante baño. Entra, y se abren sus ojos, puedo ver que cambia su semblante, se ha recuperado y ahora nada como si tuviera aletas. No pensé que lo haría tan bien. Salgo y me siento a la orilla, mis manos están arrugadas, el frío ya conquistó mi piel. Observo la corriente suave y organizada del río, apoyo el ojo en el fondo y me lanzo en picada para atrapar un camarón.

Me vienen imágenes desgarradoras de un pasado nublado, poco claro pero que me da la sensación de un apretón en el pecho. Descanso expuesto a mostrar mi dolor, el extraño no comprende y examina la palidez de mi rostro. Lo aparto de enfrente, evito su mirada desconcertante y me pongo mis pantalones. ¡Debo apretar más el cinturón! Con rudeza empecé a caminar y por fin pude respirar. Necesito abrir la ventanilla del mundo, los recuerdos se esfuman, los instantes trotan junto a mí y un puñado de piedrecitas sirven como edificios distractores. No era la primera vez que sentía la daga clavarse en mi pecho.

Volvió el sol a esclarecer el camino y, entre aires de esperanza y otras veces de nostalgia, mantuve el paso firme, hasta llegados a esta reja que da vueltas a un jardín de altos pastos, más allá de la altura de la muralla, justo encima, se ve una gran casa, nada propia del desconocido, pero está parado enfrente, dudando y con intolerable rabiata da la vuelta y me mira. Me pregunta si no deseo entrar.

—Necesito descansar y saludar a una niña ingrata. Está sedienta mi garganta. Vamos, pasa.

Y abre la gran puerta roja. Yo voy detrás como embrujado por el desconcierto de qué haremos aquí. Toca la puerta y sale una señora de unos pelos grises, y piel descamada por los trasnoches de la vida. Tiene una gran nariz y labios pequeños. Mira al desconocido, le abraza fuertemente y sale disparada dentro de la casa dejando la puerta abierta. El desconocido pasa, y se escucha a la señora gritando el nombre de Margaret. ¡Quién será! El episodio nos lleva a una gran sala. De pie contemplo y examino la casa. Se escuchan unos pasos acercarse y no lo puedo creer. Es la misma piel pálida que se cruzó con mi calma y puso en tempestad mi corazón.

Su cabello greñudo me avisó que desgraciadamente aquí la tenía. Su mano pequeña toca por todos lados al desconocido, comprobando si está bien.

—¿A dónde fuiste? ¿Por qué me dejaste con este dolor? —Repite ella.

—Lo siento, te quiero tanto. —Dice, agachando la cabeza.

—Te he buscado por todas partes. —Y vuelve a abrazarle.

Me mira y pregunta quién soy. Me presento.

— Soy un caminante, algo más que un vagabundo y menos de lo que dice mi aspecto.

Puedo ver su mirada indiferente y no me esperaba menos. Si tan solo supiera que guardo colgado de mi pecho un amuleto de sentimientos en forma de cruz que me resguardaron de caer en desgracia...No sería correcto quedarme aquí, su piel me otorga la madurez de resistir por ella, debo irme donde pueda permanecer oculto, sin necesidad de sonrojarme. Ya no puedo ocultar mi semblante iluminado, parezco loro, con pico y todo. Su voz me suena melodiosa, aunque reprende al desconocido. Puedo sentir que estoy vivo y que vivo solo para ella. Sus ojos agudos mortifican mi presencia. Ya he pecado con la cabeza. El pensamiento puro también me desafía. Doy la vuelta evitando ser visto. Me llama el desconocido y volteo.

—¿A dónde vas? —Pregunta confundido.

Pues voy por mi camino. Veo que has encontrado el tuyo. Me mira y sonríe, puedo notar que ha cambiado su semblante, de vagabundo a un joven rico.

Deseo irme para no tener que soñarla despierto. Para seguir castigándome con mis amargas noches, no merezco ser feliz, ni el rescate de una doncella. El desconocido insiste en que debo quedarme, me dice que me quede a cenar, y que me marche mañana si gusto.

Aquí estoy subiendo las escaleras hacia el cuarto de huéspedes. Llego y me encuentro rodeado de brillantes ilusiones que no adornan más que la ingratitud. Hemos quedado en cenar, mi cuerpo verde del moho no es apropiado para tan bella dama. Tocan la puerta y me trae la señora un elegante traje. Lo tomo y me pienso vestido de alcalde. Me pienso y no soy otro el que esta noche quisiera que estuviera conmigo. El agua fría siempre va bien con la locura que a veces me atrapa. Bajo las escaleras y están todos en la mesa, me observan sorprendidos, sé que debí cambiarme mis trapos viejos, pero a quién quiero engañar si ando atrapando moscas cerca de un charco. Me siento y siento que estoy al lado de una diosa, caprichosa y dulce no quisiera pasar esta noche en otro lugar. Sienten celos los espejos, su mirada hechiza y yo soy tan…Soy un hombre, o tal vez solo soy un vacío que ocupa un espacio. No concuerdo con mis pensamientos, los tenedores reflejan sus labios color carne y el rojizo de su pelo me recuerda el último atardecer cerca de la playa. Ellos hablan y yo, yo no encontré mejor forma de disimular mi sonrisa que comiendo, tomo un sorbo de un vino de abril. Margaret me mira, la miro y me pregunta donde conocí a Emilio. Ni siquiera sabía que se llamaba así, debo confesar que hasta hace poco para mí era un desconocido que retrasó mi viaje. Le respondo a Margaret, le digo que nos hemos conocido en el camino. Se pasa la mano sobre el dedo. Y me mira en la espera de más información.

—Yo… —Interrumpe Emilio.

—Margaret, este buen hombre me ha ayudado aun sin saber quién soy. No temas. Confío en su buena fe.

Salimos a una galería. Es fresca, la mesa tiene un mantel de frutas: melones, manzanas, guineos, peras, hasta un aguacate. Arriba un abanico de techo y a los lados todo descubierto dejándose ver el jardín y la luna agachada besando el cuello del gran árbol. Margaret se recuesta delante de la entrada del jardín. Y la ilumina su propia aurora, ¿en qué estará pensando? ¿Sabrá que hay alguien más que la piensa? Voy hacia ella, Emilio viene y me pasa una copa.

—Amigo, tendré que proponerte que te quedes.

Tengo la mirada puesta en ella y suspirando respondo que encantado, haré todo lo que me pida. Sacudo la cabeza y miro ahora a mi hablante. Emilio continúa:

—Sé que no nos conocemos, pero necesito tu ayuda. No puedo quedarme, y no puedo dejar a mi Margaret sola. ¿Puedo confiártela por unos meses?

No entiendo a qué se refiere. Como ha dicho, no me conoce, ¿por qué a mí?

—Has salvado mi vida, te he observado y sé que eres un buen hombre.

Le miro y me apeno, es muy joven todavía para saber de los sinsabores de la vida… Justo por eso le digo que no. No podría quedarme porque estoy loco por ella. Es una visión taciturna de todas las galaxias que entran y salen por mis pupilas, no puedo explicarlo, tan solo sé que es otra melodía, son otros colores, todo es dulce y yo…, no lo merezco.

Ya en mi dormitorio puedo abrazar los muros y al cerrar mis ojos está su imagen, se dibujan las líneas de su rostro con el pensil de mi fiel deseo. Me inclino a alcanzar su silueta y escucho sonar la puerta. De camino y con el ceño fruncido pasan mil ideas por mi cabeza en tan solo seis pasos. Abro, y

Emilio está con una cara de preocupación que me desconcierta. Sin bajar la vista pasa a mi habitación, se sienta en la pequeña silla en la esquina y yo, de pie, espero sus palabras. No dice nada, enciende un cerillo y lo apaga. Se pasa las manos por sus pelos de crespos y yo desespero, moviendo las manos en busca de respuestas.

—He pedido que te quedes a cuidar de Margaret porque está enferma. No quiero indagar mucho sobre ello, pero tengo pesadillas donde la veo morir. A veces la detengo frente a Hades y en otras ya ha partido al inframundo. Es una mujer desdeñosa e ingrata, poco convencional y viste sin prisa pero con mucha delicadeza. Usa sus encantos para desencantar a los hombres, no sueña con diamantes, pero observa las grietas de sus joyas. La conozco tanto, y sé tan poco de ella.

Suspira y baja la cabeza apoyándola a sus manos. No sé qué
decir.

—¿Por cuánto tiempo te vas? —Le pregunto?

—Sólo unos meses. —Responde, más esperanzado.

—¿Y a qué vas, a dónde? No tengo ni idea de lo que vas a hacer. —Créeme. Si no fuera importante me quedaría.

La conversación me empieza a perturbar, es tan vana y a la vez dice tanto. Emilio nota la batalla con mis pensamientos y se marcha.

Está enferma, pero qué le pasa. Yo vivo entre sombras y carreteras, el ruido de las paredes de las casas me hace imposible el poder olvidar. Parpadeo, mañana será otro desafío que superar. Arranco la manta y la arrojo a mis pies. Anuncia un bostezo mi tan esperado sueño y mi cuerpo se tumba a los esprines, que al final son las columnas de la cama. Me voy, me hundo en un profundo sueño, no quiero recordarla. La olvido.

Oscuras nubes grises confunden la mañana, se escuchan estruendos, los relámpagos azotan cada rincón del bosque. Emilio delante de la puerta se despide de Margaret. Yo, como un pedazo de sal en un gran bol, solo observo. Abrazos, besos, una despedida que me arrastra como un barco de papel en medio de una tormenta. Se cierra la puerta y Margaret, vestida de negro, como si de un funeral se tratase, se marcha a la gran sala. Sus manos se pierden en sus brazos y balbucea palabras como una niña. Maldice su vida y la de todos. Patalea y derrumba la mesa a su lado. La señora de los pelos grises viene, la mima y ya se levanta con la frente en alto. Me toma de la mano y me pregunta que si no amo bailar bajo la lluvia. Le sigo como un perro detrás de un hueso y me pongo en cuatro patas, saltando y lamiendo su espalda. Afuera todo es blanco, se confunde como una niebla espesa de gruesas gotas frías. Margaret parece un náufrago perdido, un fantasma que hunde su cuerpo en la fortuna de mis ojos al verla. Su pelo mojado parece un bosquecillo en verano. Sus perlas brillantes quedaron opacas con los diamantes que muestra su boca. Me encantaría que así, empapado de sus labios, pudiera yo probar lo que tanto he deseado, tal vez estoy exagerando, no es propio de un caballero perder el rumbo por unas tan hermosas caderas, pero es que mira y siento que después de hoy no hay un mañana, es un hueco en el tiempo, un infinito que se traga el instante y para ser exacto temo ser un cruel tirano y convertir a una joven reina en mi más preciado trofeo. Conozco el mal que en mí acuña este genio, no puedo ahora mucho menos, cortar el tallo de una bella flor. Dejaré que mis manos describan sobre unas líneas lo que mi alma quiere, pero no tomaré sus líneas para luego plasmar lo que siento.

2

Estamos empapados y titiritando de frío. Esta vez siento que la suciedad descendió de mi piel por cada gota que el cielo derramó desde el balcón.. Margaret se marcha a su habitación y yo subo a cambiarme los trapos que hace ya tanto tiempo me acompañan. Sobre la silla está el traje que me mira presuntuoso, le observo tímidamente y el frío de mis huesos hace cubos de hielos con mi médula. ¡Qué más da! Me paro frente al espejo y no sé quién es ese de hermosos ojos azules y cabellera domable y castaña, dejo escapar una sonrisa de aprobación y desciendo lentamente con otro aire por las escaleras, escucho que todos aplauden y mi traje con corbata blanca se ajusta aún más a mi pecho.

Al pie del último escalón veo a la señora de los pelos grises, me dice que Margaret está en el salón contiguo al comedor y que, si deseo, allá me ha dejado un chocolate caliente. ¡Qué amable es! Le pregunto su nombre.

—Soy Adelina Serverne. Estoy para servirle, señor. —Dijo con una sonrisa maternal.

¿Quién habrá sido mi madre? ¿Tuve una madre? Avanzo hacia el cálido salón, enfrente una chimenea y más arriba el cuadro que acompaña todas las películas de épocas. Resplandeciente en el sillón está Margaret, contradiciendo el clima que hay afuera. Amo sobre todas sus perfecciones la imperfección de su cabello, parece que nunca lo ha peinado y que fue pintado por una naranja, pero no puedo resistirme a sus labios que parecen pintados por amapolas. La palidez de su piel resalta la sombra rosa de sus mejillas. Se percata de que le observo y me mira con exclamación, se para y toma una manta, se arropa y, como tortuga, se oculta hasta dejar ver solamente su pequeña cabeza.

—¿Le gusta estar aquí, señor…? —Espero que termine la pregunta.

—Soy el caminante. Y sí, en tan solo un día me siento preso de las dimensiones de la casa, y de las paredes que crujen una historia que quisiera descubrir. —Digo, echando un ojo alrededor.

—Vaya, es el único de los muchos que han estado, que se presta a querer descifrar los enigmas de las propias indecisiones de los muros, —dice, descubriendo su cara.

Tiene una expresión de asombro, espero no haber dicho nada que le haya molestado. De pronto toma su taza y se levanta muy apurada.

—¿Quieres un tour por la casa y así quizás puedas descifrarla?,—dice, levantando las cejas.

Asiento y procuro seguirle el paso. Es una persecución apresurada, camina sonriente y empieza por mostrarme la cocina.

—Lo más importante de esta casa está aquí, recuérdalo siempre, —dice, mientras abraza a Adelina y expulsa el humo de su cigarrillo.

Continúa por la galería, la sala victoriana y el comedor hecho de tradiciones; es una casa extraordinaria, compuesta por diferentes épocas. Es grande y tiene su propio cuerpo de luz. Le sigo hasta la habitación y, al llegar a su recámara, se vuelca en su cama, me mira y dice:

—Esto es muy aburrido, me temo que yo conozco los santuarios ocultos de mi casa, mejor le reto a que dentro de unos días cuente usted mismo la historia que ve y siente en la casa.

Me quedo observándola y, entre comillas, es una mujer extraña y diferente, una aventurera que porta perlas y pieles en su armario. No sé con qué podría compararla, ni por qué debería hacerlo. Pero su comportamiento me deja al descubierto, tratando de descifrar qué hay detrás de ese hermoso rostro.

—¿Qué me dice? La idea en sí es de usted, solo le impulso con un punzón de espina, —dice, esperando mi respuesta.

Acepto con un sí mudo y salgo excusándome. Más adelante sentados en el comedor, los olores a romero y a pollo impregnan la tabla. Los platos servidos son dignos de un lord.

Bebo vino de una copa curva, mastico despacio las guarniciones: vegetales salteados. Lamo el jarrón de agua y la lengua se esconde, también veo escaparse la servilleta detrás de los platos. No me asombra el silencio en la mesa, así que observo el mantel con figuras de caleidoscopio. Se desploma a mis pies un bostezo y despierto del sueño lúcido a Margaret. Me mira sin ojos, solo los huecos acompañan su rostro, tomo su pulso sobre el vacío y me digno a respetar sus martirios. Sea soberbia o un tormento suyo, yo no soy quién para juzgarla.

Esta noche decido acompañarla, también los silencios hablan, el silencio es la voz que se escapa del alma, revienta los espacios y llena de nombres los pensamientos, y son esos nombres los que estallan las venas de los ojos. Soy alguien que aún no conoce, pero quiero abrazar toda su historia, bendigo la tentación de su mirada y lleno de semen sus penumbras.

Las horas están pasando como granadas que se detonan con cada decepción, hay una grieta en mi memoria y deja escapar un momento triste.

Margaret lluvia, lirio y misterio, se levanta de la mesa como si la llamaran hechizada, perdida en esas voces desnudas que excitan al cuerpo y nace el masoquismo. La veo desaparecer por el pasillo y huyo al igual que ella de las mismas voces, me recuesto esperando que la almohada empiece a sudar y que las sábanas se aten al techo con un nudo esperándome, es un collar de tregua, para que llegue la paz.

3

Tomo café en la galería, un huevo duro, queso y pan esperan por mí en la mesa, pero sigo el ritual de admirar la mañana; veo las palomas en su nido de azaleas y tocan con su amor el níveo ras del cielo; el pasto es consolación y las flores son el placer de las abejas y el adorno del jardín. Todo huele a misericordia, el sol calienta suavemente el aire y las hojas de albahaca perfuman mi nariz. Pronuncio con la punta de la lengua el nombre de mi Safo y ahí está, con un cigarrillo en la mano y unas ojeras de escarabajo.

—Buenos días, hombre sin nombre. —Dice, esquivando mi mirada.

Sonrío sin mover ni un músculo de la cara, tomo asiento a su lado. Veo que Margaret toma un pan y algo de café. Se pierde igual que yo en las gotas de rocío de la mañana. Al compás de un poeta la describo para mí, con palabras nuevas y no gastadas, jamás mencionadas. «Te invito escarabajo a pasear por las heces de un caballo»

¡Ya basta! La brisa mueve las hojas y empiezan sus alabanzas, busco fuera de mi cuerpo algo que quede intacto a su recuerdo cuando me haya ido. Cuando ya mi amor quede macilento y enterrado bajo mis pies. Ella es la luz del sol y el canto de los pájaros. Odio lo cliché, así que…

Adelina llega junto a una mujer de unos treinta y cinco años, bronceada y con el pelo castaño. Margaret se levanta y la abraza como desahogando todas sus penas en un segundo, se observan durante un momento como poniéndose al tanto con sus miradas.

—Hermana, has bronceado tu piel. —Dice Margaret.

—Dina, casi ni te reconozco. —continúa Adelina.

Ella solo sonríe y se sienta con una sonrisa a medias. Margaret se percata de mi presencia y me dice:

—Ella es Dina, mi hermana, es muy tímida, se llevarán bien.

Se dirige nuevamente a su hermana y no me deja ni responder cuando dice excitada. «¿Adónde iremos? Hay que celebrar que estás aquí…»

—Estoy muy cansada por el viaje y sabes que no soy una mujer que disfrutes las fiestas tanto como tú. —Dice Dina, convencida.

Margaret sonríe y sale disparada, casi dando saltos dentro de la casa. Dina y yo nos observamos rascando nuestras cabezas y ruborizándonos.

—Entonces tú eres… —Margaret interrumpe con una botella de Champagne.

—Adelina, las copas, ¡estoy tan feliz de verte! —Dice Margaret, casi danzando.

El mediodía arribó junto al ajetreo de las hormigas, los relatos y los postres de fresas aplastadas. Veo a las hermanas reír y llorar al mismo tiempo, busco entre líneas y curvas alguna similitud, pero son tan distintas: una es pluma y otra tintero. Margaret ríe como gorrión y Dina es una magdalena extremadamente expuesta al lado del camino. Se ve tan solitaria, aun acompañada. Esta mujer denota inocencia y estoy casi seguro de que no ha probado todos sus sentidos. No sé qué hago aquí, solo interrumpo su privacidad, tal vez es hora de marcharme, por lo menos al jardín, solo debo bajar esos cinco escalones de madera; me paro e ideo pasar desapercibido de la charla en la que solo Margaret habla.

Dina me mira y Margaret, dispuesta a tolerar mi interrupción, vuelve a soltar sus vívidas guerras entre dragones y castillos. África e Indonesia, Brasil y Puerto Rico, todo lo que describe me recuerda a las novelas de ficción.

Toco la tierra del jardín y avanzo. Decido charlar con el gigante árbol viejo que queda en el fondo; es un día claro; la tierra fue lavada por el chubasco de ayer; el tronco es incapaz de apartarse de las raíces que le rodean. Yo necesito la aprobación para tocarlo, así que alzo la vista hasta sus infinitas ramas que tocan el cielo, la luz que con cada hoja hace sombra devuelve a mis ojos las semillas liberadas por el insomnio. Siento una mano sobre mi espalda y afino la percepción de mis demonios. Estoy volviéndome creyente, creo en todas las cosas y no me hago preguntas; creo en todo y todo lo que existe fue creado de una gran explosión o por lo menos eso leí en un artículo mientras caminaba por Lausanne.

—¿Estás bien? —Susurra una voz. Volteo creyendo que esta voz está justo detrás de mí, y que esas manos tibias no son fruto de mi imaginación.

Dina, a través de sus anteojos, caldea con los rayos del sol una amabilidad con cierta timidez, yo la recibo a mi lado y, juntos, sobre la corteza del árbol, grabamos delgadas iniciales que no pertenecen a nuestros nombres.

—Lo quiero todo —dice Dina con tono prepotente. Luego camina hacia la casa invitándome a seguirla con un gesto de manos. No quiero ser descortés, pero aquí me encuentro bien; los arbustos gruesos y verdosos colgaban por el borde del jardín.

—Caminante, es hora de que sirva de algo —grita Margaret desde el borde de la galería con gran fervor—, venga y ocúpese de la lista.

Camino interesado en qué podría ser útil, y una vez enfrente de ella surgieron sus órdenes, y yo, esclavo de su belleza, firme avancé hacia la reja de la entrada, cuando al fin me percaté de que tenía el oficio de hacer las compras. Me doy cuenta de que es un lugar encantador; el camino es amistoso, divertido, entretiene mis pasos; amo, sobre todo, las piedrecitas que suenan entre sí al pisarlas, el polvo se levanta y mi cara luce más joven.

Hay una curva en la que hay una cruz. Su nombre es Richard Sumé. Imagino que murió aquí en un accidente, la idea hace que me duela una muela y doy pies hasta llegar al concreto. Creo que he caminado unos nueve kilómetros. Ya se ve el pueblo, y aquí su cartel que dice (Bienvenidos a Roles). Por suerte yo no sé dónde queda el almacén y solo camino con la lista en la mano. Miro a las señoras y desearía que adivinaran mi deseo, necesito ayuda. Voy al quiosco y compro unos cigarrillos, ya puedo tachar lo primero de la lista. Se me acerca un niño de unos quince años pidiendo un cigarrillo, saco uno y le pregunto con él en la mano por el supermercado.

—Ah, sí, justo ahí. Cuando dobles verás la publicidad de un detergente —dice, con expresión de hombre... Guardo el cigarro y el muchacho se me abalanza enojado golpeando mi espalda, sigo caminando e ignoro su berrinche.

Lo segundo de la lista son manzanas, aquí están las manzanas. ¿Serán rojas, verdes o amarillas? Mmm... Llevaré de ambas. Lo tercero son globos y, ¿de qué color? ¡Bah, llevaré de cualquier! ¡Ah, también guarniciones, pescados, carnes! ¿Cómo llevaré todo esto? Ya la oscuridad empieza a asomarse. ¿Cuántos viajes debo dar para poder llevarlo todo? Bueno, tendré que disponer de la ayuda de algún vehículo. Miro por todos lados y de repente escucho:

—Disculpe, señor, ¿necesita ayuda? —Interrumpe nuevamente el niño que me había encontrado en el quiosco. Muevo la cabeza en señal de que no. Dice: «Mi padre, por unos billetes, le lleva todo esto, pero yo necesito mi cigarrillo.» —¿Quiere que traiga a mi padre?

Asiento con la cabeza y le veo desaparecer. En casi seis minutos llega con un gordo y alto; el chico viene, le doy lo que quiere y el hombre arranca con un ruido de amortiguadores siendo fusilados.

Me dirijo nuevamente al camino y, entre el sol ocultándose y los pájaros en sus nidos, veo a medias un poco de esperanza.

4

El jolgorio en la casa es casi insoportable. Margaret corre de aquí para allá como loca, pregunta por las copas; los ceniceros, la comida, el mantel. Y en la cocina revientan tantos olores como de personas; picando, moliendo, removiendo, friendo, probando. Bueno, ¿dónde está Dina? Es la anfitriona, supongo que salió a descansar. No encuentro sitio en donde Margaret no quiera colocar sus decoraciones inútiles. Da órdenes a todos y afinca su aguda voz cuando no es complacida. Río, es un personaje en un papel protagónico que a mi parecer algo ha perdido.

Estoy en una esquina observando cómo dirige la orquesta de sirvientes; mueve sus manos con una ligereza excepcional. El reloj de pared marca más de la diez y siento atracción por el queso en la trampa.

Desde la cocina se escucha un grito; nos miramos y salgo huyendo al pie de la escalera. Está Margaret tirada haciéndose presión sobre el tobillo. ¡Oh, mi querida! Doy orden de buscar una almohada, dos tablillas y unas vendas. Traen todo y empiezo tranquilizando a mi pobre doncella herida. Le digo que es solo el tobillo, que no debe preocuparse.

—Me duele mucho, ¡ay! —Grita Margaret.

Margaret reposa y Dina entra a la habitación despavorida y muy preocupada.

—Hermana, ¿qué te ha pasado?

—Estoy bien. —Me mira agradecida. Siento que va a estallar el músculo en mi pecho.

Margaret empieza a discutir con su hermana sobre la fiesta, insiste en que debe continuar.

—No me he afanado tanto para nada. —Dice, enojada.

—¡La fiesta! ¡Y tú en esas condiciones! ¿Pero te has vuelto loca?

—Margaret, sabes que solo me interesa tu bienestar. Aunque conociéndote bien me rindo a discutir, sé que harás de igual forma lo que gustes. —Dice Dina, mientras yo, sin saber cómo, ya he curado el tobillo de mi amada.

—¿Es usted doctor? —pregunta Adelina sorprendida mientras se seca las lágrimas de la cara y acaricia los cabellos de Margaret.

—¡Yo, doctor, cómo se le ocurre, no soy más que un caminante errante!

Me quedo pensando en dónde aprendí esto, y no se me ocurre otra duda acompañada de una pizca de certeza; que pude ver a Adam y por la desesperación de lo inexplicable pero que dio resultado al fin de su dolor.

En fin, no extraño los trapos de mendigo culto, pero siento mucha nostalgia por el camino, estoy frente a personas atormentadas, contando sus riquezas con la punta del ojo, examinando cada antigüedad, sintiendo que su ambiguo carácter les da derecho para juzgar. Siento que reconozco esas caras plásticas, cada sonrisa fingida, cada degustable molestia, e incoherentes conversaciones sobre el fuego y el agua. Controlamos todo, odiamos todo, perseguimos a todos, ¡oh! Pero no hacemos una excepción sobre nosotros mismos, porque carecemos de todo pero lo poseemos todo.

Dina, sin embargo, se ve tan tierna y angustiada…, ¿qué será lo que le preocupa? Conozco los delirios de los escritores, conozco más que nadie las muecas extrañas que visitan nuestras noches llenando de insomnios los silencios, apretando las sienes y soltando las manos junto al cuaderno en blanco, y yacen frías y pálidas. Me acerco a Dina sin decir palabras, solo apresurando la compañía a su lado. Es su fiesta, pero no veo ningún interés. Está allí su cuerpo. Creo que aún no nota mi presencia. ¿De quién será prisionera? ¿Y, por qué a veces compartimos el mismo sentimiento? Anda en la nube de los no correspondidos, pero siento que le acompaña más la suerte porque de vez en cuando sonríe.

Anticipo su paso. Otra copa. Le acompaño evitando a los jerarcas crueles y borrachos. Se me acerca un joven con cara de haber quemado en la hoguera a sus padres y con ellos cualquier compasión.

—¿Es usted amante de las flores? —Pregunta, sin ninguna expresión.

Sinceramente, temo dar una respuesta equivocada. ¿A qué se querrá referir realmente con las "flores"?

—Soy amante de la naturaleza. —Respondo, errático.

—¡Lo sabía! Es el jardinero que se ha colado a una fiesta. Aún hay mugre en sus uñas. —Afirma con cara de villano.

Me niego a responderle y le observo fijamente a los ojos. Me ofrece su mano y, cuando estoy a punto de pasársela, se echa para atrás, me insulta de ignorante y, justo ahí, llega Dina a mi rescate... —Oh, señor Dilon, veo que ya conoce a nuestro anfitrión.

—Más bien parece un mendigo asqueroso. —Y se echa a reír. Dina toma una actitud de indignación, mientras yo le calmo.

—No debe preocuparse, realmente aquel chico no me hizo la menor desgracia, creo que tuvo sus razones y las respeto.

Sin embargo, Dina me trae a la galería y dice: «Es una noche estrellada, fría, con luna, oscura, es solo una noche.»

Me siento a su lado, y digo: «Y lo especial de una noche como esta son las estrellas, la luna, la oscuridad y tu presencia tranquilizante». No lleva sus grandes espejuelos y admiro unos pequeños ojos que contienen tantos misterios como las galaxias mismas.

Bailar con el cuerpo quieto, dejar a brote los sentimientos, los pasos seduciendo la serena noche, la quietud de mis pensamientos. Bailar, bailar con calma; cerrados los ojos y abierta la cabeza, dejo que fluya en este sillón la danza dormida de mis penurias.

Se han marchado los tristes payasos, y sigue mi cuerpo adormilado, tal vez por el vino, o las uvas del vino, o la fermentación de éstas. Me asombra que todo en la casa esté casi ordenado; al parecer, se diría que aquí aún no ha habido ninguna fiesta.

Borrachos que no pierden la compostura para evitar habladurías, mujeres que comen sin dejar caer ni una miga sobre las alfombras. Veo pasar a Dina, quien pide que la acompañe a ver a su hermana. Se quedó dormida durante la fiesta, imagino lo agotada que estaría. Al llegar la veo reluciente, impecable; Adelina la ha preparado para su descanso, como la reina que espera gobernar y cautivar a todos con su belleza en los sueños. Me pongo en una esquina cerca de la ventana, Margaret habla y Dina escucha las reclamaciones triviales de su hermana. Nos dirigimos a nuestras recámaras, y Dina agradece con una cálida mirada. Me despido y se apagan las luces por los pasillos.

5

Ha muerto Adelina. Los criados lloran y la preocupación de todos es Margaret. Ha sido como una madre. . Ha amamantado con amor sus días. Dina me pide acompañar a Margaret a su habitación.

—¿Qué pasa? Escucho gritos y murmullos. —Dice, muy preocupada.

No sé qué responderle. No podría mentirle, pero no me corresponde dar tan dolorosa noticia. La miro, guardo silencio y observo cómo va el tobillo. «Es extraño» —dice. Adelina no ha venido a verme. Estará cansada con el ajetreado día que le hice pasar ayer, ya la recompensaré.

—Debo confesarle que Adelina ha fallecido. —Le digo,
apenado.

Margaret reacciona tirándose de la cama; puedo ver que no siente el dolor del tobillo y se arrastra sin llorar con las venas del cuello buscando donde clavar su dolor. Trato de contenerla, grita el nombre de Adelina. Lo repite hasta quedarse tumbada en el piso sin ninguna expresión. Repitiendo frases que se intercambiaban la difunta y ella, sollozando recuerdos.

Voy por una silla de ruedas; entro en la habitación a buscar a Giancarlos. Adelina está reposando sobre la cama, todos la miran con ojos de perdón. Salimos despavoridos huyendo de la muerte y sus circunstancias. Llegamos a la pharmacie cure. Allí, detrás del mostrador, está la mujer más perfecta; con ella estoy seguro de que se moldean las guitarras. Pero no tengo fama de mujeriego, ni el momento es el adecuado para tales observaciones. Le hago saber de mi precaria necesidad, la suple de inmediato, doy gracias y salgo, ya casi olvidando la verdadera situación que aflige la casa.

Al llegar está todo más calmo, las almas penan la partida de Adelina, la resignación ha tomado el llanto de todos y ahora solo queda velar y rezar. Margaret no me preocupa, pero sí el vacío en su mirada, su falta de expresión y su indiferente postura.

Dina, de pie sobre el gran hoyo, murmura unas palabras. Margaret se ha quedado en la casa. De nuevo siento un *déjà vu*. Yo he vivido esto, conozco los ojos hinchados, las manos sudorosas y las piernas flojas. Sé que duele. Estoy tan triste…, es como si hubiese perdido una parte de mí. No puedo contener la sal de mis ojos; necesito regar la tierra, caer de rodillas sobre la grama, cavar con mis ojos una puerta que permita encontrar las respuestas a mis tristezas. Contrario al cielo se encuentran tantos huesos que un día danzaron, rieron, amaron. La vida es la propia muerte de quien teme irse porque no está listo para partir. No temo a la muerte, hace tanto tiempo que la espero… La he invocado, amado y deseado. Siento que me debe algo, sé que me debe algo.

La melancolía en la casa es casi palpable. El aire duele, el techo grita. Está todo tan oscuro, y el silencio por primera vez no dice nada. Voy a la cocina, preparo un té de manzanillas, lo sirvo en una taza hueca y se lo subo a mi amada doncella que, perdida en el limbo, no es capaz de reconocerse ella misma. Dina acerca la taza a la boca, da pequeños sorbos y moja con la lengua sus resecos labios.

El duelo en los días posteriores disminuye con pequeñas sonrisas de buenos días. Sobre todo con la llegada de Lucie, quien nos anuncia su presencia sin ninguna antelación. Es una mujer encantadora, y creo que ya la he visto. Cómo olvidar el día que fui por la silla de ruedas. No entiendo qué hace aquí. Se encierra junto a Dina en la sala. De pronto tocan la puerta,

Giancarlos abre y Dilon, con un traje verde limón, haciendo juegos con sus ojos verdes, crea una ilusión bastante divertida. Pregunta por las señoritas de la casa. Van a por ellas. Le ofrecen algo de tomar. A Dina, al verle, se le nota la cara de disgusto. Baja, le saluda cortésmente y se disculpa. Dice que debe atender unos asuntos urgentes.

—Lamento tal disgusto. —Digo, secamente.

—¿Sabe algo sobre mujeres?

Me toma de sorpresa la pregunta, pierdo el porte de seguridad y pienso: «¿Sobre mujeres, qué sé sobre ello?» Son hermosas, tiernas, madres. ¿Pero son solo eso? Lo que veo en una mujer es una lucha incansable por dar luz dondequiera que vaya. También sé que aman las infinitas complejidades de los hombres. «Entiendo que es una pregunta fuera de lugar» —dice el joven Dilon interrumpiendo mis pensamientos. «Pero no tendrá una guía sobre cómo entenderlas», continúa con una media mueca, riendo como un tonto.

—No sé nada. Es preciso entenderse a sí mismo para luego poder encajar las piezas que den la libertad amorosa deseada. Las mujeres solo aman, nosotros poseemos el interés y el deseo, movemos las piezas a nuestra conveniencia. —Añado, sintiéndome aún más tonto que el joven Dilon. El joven guarda silencio. Dina y Lucie aparecen. Pregunto por su hermana y dice que todo está bien, que descansa como un ángel.

Sentado en las afuera de la casa, cerca del arroyo, me acompañan viejas sombras. ¡He cambiado tanto!, y todo por ella. Pero ahora, aquí, ya no cantan los pájaros, y pienso en aquellos momentos en los que solo conversaba con mis demonios. No puedo olvidar los huecos en mi memoria, cómo surgen y vuelan los desperdicios de la razón. Estuve muerto, conocí el frío, bailé con los cadáveres del dolor y ahora solo me acerco a otra decepción. Ni siquiera sabe ella quién soy y, si llegara a preguntar, la única respuesta que tendría la asustaría, la alejaría. Vamos a ocultar a este maníaco depresivo. Apoyo fuertemente la pluma en la primera línea y con mucha sangre se tiñen de desconsuelo las páginas de mi desdichada vida.

Escucho una voz suave y conocida. Miro atrás y Dina, en forma de aparición, viene hacia mí sonriente. Intento esconder mis sentimientos, pero es muy tarde, está excitada y sorprendida.

—No te hostigaré, pero si quieres leerme algo, estaré encantada.

—¿Qué es lo que escribes? —Dice, interesada.

—Poemas —y cierro el cuaderno.

—¡Oh, yo también escribo poemas! Podríamos intercambiar nuestros escritos, ¡me siento tan cargada de sentimientos! —Dice, revolcándose los espejuelos y mirándome con una ternura que espantó mis demonios.

Sin embargo, pienso en Margaret. Le pregunto con quién la ha dejado y me responde que Lucie es su nueva enfermera y que estará todo el tiempo cuidando de ella.

—Me parece bien. —Le digo —y continúo—, pero hay que sacarla de su habitación.

—Sí, sí, por ahora no quiero hablar de eso. Margaret y sus problemas siempre me han agobiado.

Se para y exige que le lea. Ruega como una niña y no puedo negarme más.

—Está bien. —Le digo, y empiezo a leer sin la mayor expresión, pero con una vergüenza que me invade:

De repente, recordó su nombre deslizándose
sobre su lengua olvidada, divagando sobre el
jardín del pensamiento, aparecía ante sus ojos,
enriquecía paulatinamente su garganta,
avanzaba galopando entre los fulgores del momento y desaparecía tras
las cortinas de otra piel.

Cualquier suave perfume descubría su silueta,
penetraba con traición las tierras vecinas, las
ocupaba satisfecho sin sentirse dueño,
  dueño era solo de la embriaguez desvergonzada, que le impedía
encontrarla.

Tartamudeo.

Dina toma el cuaderno y continúa. Con qué destreza brotan de las palabras ese sentir poético:

Daba vueltas sobre los techos de paja, empapado en sidra
confundía la escoba con su boca, y en líneas rectas caían
sus cejas sobre la almohada. La mañana era un revoltijo
de sentimientos, el pasado reemplazó el presente y vivía en
la incertidumbre de un final que no llegaba.
Aún sigue vivo al pie de la colina, entre la vereda del olvido y el camino
del angustioso recuerdo.

Es una mujer dulce y, además, comparte esa pasión por las letras. Comparte conmigo sus ideas literarias, y tengo que admitir que no sé nada sobre eso, solo escribo lo que de mí sale, pero ¡es tan placentero escucharla hablar! Desea ser una gran escritora. Le confieso que es la primera mujer que lee mis escritos, le digo que debe guardar el secreto.

Se está ocultando el sol, así que tomamos el camino corto hacia la casa y de repente Dina se avalanza sobre mi mejilla dándome un beso colegial.

Al llegar a casa, ando a ducharme pensando en aquella agradable tarde. El agua es siempre tan relajante… Recuerdo el arroyo cantando aquel poema, la voz melodiosa de Dina y el beso tímido en mi mejilla. Pensarla me llena de paz. Me siento dichoso, me visto con un traje color carmín y bajo los escalones con ritmo alegre. —¡Buenas noches! Se ve encantador. —Dice Dina en tono alegre.

—Gracias. Sin embargo, usted es digna de cada estrella que la ha vestido, —añado en tono halagador y sin saber de dónde han salido esas palabras.

Tomo asiento y disfruto de una sencilla cena: petit pois, puré de patatas y carne de res. El vino está delicioso.

De pronto me percato de que estamos solos y no me siento culpable de haber olvidado por un momento los problemas de Margaret, de hecho, me siento entre nubes y plumas. El encanto de la noche y las risas, entre otras anécdotas, enfatizan una sólida mirada, predice que esta noche dormiré con dos preciadas damas en mi cabeza.

Es más de media noche, se escuchan gritos y salgo, me percato de que provienen de la habitación de Margaret. Cuando llego ya está en calma y sin fuerzas, la recojo. Lucie la examina. Se hunde en la cama y temo perderla.

No pego ojo en toda la noche, necesito ayudarla. Es por ella que aún late mi corazón. Así que muy temprano le subo yo mismo el desayuno y empiezo con abrirme como un hombre de suaves sentimientos. No se me hace muy difícil, verla en ese estado rompe mis pupilas y salen de mí todas esas palabras que dan aliento y reconfortan. Por lo menos a mí mismo. La siento en la silla de ruedas y la paseo por el jardín. Está tan callada. Boca cerrada, que das cobijo a esos blancos diamantes, te exijo que devuelvas la palabra a mi amada. ¿Qué puedo hacer para ayudarla? Sé que las palabras son solo eso, pero ¿qué hay de las que vienen acompañadas con hechos? Recuerdo a Margaret danzando bajo la lluvia, la fuerte y entretenida mujer que era. Ya sé. La tomo en brazos y la llevo de camino al arroyo.

Le digo: «Margaret hoy tendrás una aventura. En la naturaleza que tanto te gusta, salvaje como tus cabellos, tocarás las mariposas. Hablarás con los peces y meterás los pies en el agua.»

Así lo hicimos. De regreso, el sol resaltaba cada mechón, y se confundía con el atardecer, como su pálida cara y hermosos ojos anaranjados. Quisiera verla correr, que tropiece con mi mirada y seguir en la oscuridad de un amor oculto pero que igual me hace tanto bien.

Al llegar, Dina nos espera, abre la puerta preocupada. Llevo a su hermana a la habitación y Lucie se queda con ella.

—No puedes llevártela así.

—Pero, ¿qué es lo que pasa?

—¡Vamos a la galería! Tomamos algo y te cuento.

Con la boca morada y el pecho abierto escucho atento las palabras de Dina.

—Mi hermana no está poseída. No está loca. No sé si sabes lo que es la epilepsia.

La interrumpo y le digo que conozco más de lo que me gustaría. Me siento aliviado, aunque la pena de saberla enferma es igual de amarga. Sin embargo, intuyo que puedo ayudarla. Apostaría todo a ello y no dudo en ser llamado Salvador.

—¿Toma algún medicamento? —Pregunto.

—Ya los mandé a pedir, han de llegar mañana seguramente.

Trato de convencerla de dejarme a cargo de Margaret. Sé qué debe tomar. La he estado examinando. Ya había dado mi análisis antes de que me lo dijeras. Le repito a Dina que debe confiar en mí. Ella toma mi mano, la besa y se recuesta sobre mi hombro.

Se acerca a mi oído y suavemente dice:

—Gracias por lo que estás haciendo por mí.

6

Que recuerde, no soy enfermero, ni mucho menos médico, pero conozco todas las materias, teorías y prácticas que la componen. Extrañamente, pero sin dudarlo, me paseo junto a Lucie por las apiladas filas de pastillas. Tomo el Letaram, sonrío y doy a mi amada de regreso tres al día. La saco a pasear todos los días, incluso en los nublados. Hoy le he regalado una flor y me ha sonreído. Aunque está casi todo el tiempo como ida, puedo notar pequeños cambios en ella. Y es que la extraño, su locura disfrazada de lluvia, sus ojos inquietos, la rareza de sus actos.

Permanezco a su lado como un fiel soldado decidido a morir por amor. Le acomodo sus cabellos, son rebeldes y coloridos. Le beso el pensamiento y no temo que no esté pensándome. Caliento sus manos con las mías, huyo del hombre que realmente soy, y no temo sentirme vivo, confesar mi amor. Toma, querida, la comida que tanto te gusta, el agua fresca, un cigarrillo encendido.

Puedes vivir, no luches contra ella, no pienses más en ella. Admite que es más fuerte que tú y ríndete a vivir, solo olvida los malos momentos; yo lo hice, y por eso estoy aquí, y soy feliz por ti. Sé muy bien cómo te sientes. Sé que piensas que no vales nada. Tal vez no entiendas lo que te pasa. Es una maldita, yo también la odio por hacerte esto. Pero ahora es parte de ti, y no puedes odiarte, aprende a convivir, tal vez algún día te vea tan feliz que te envidie y salga a buscar su propia felicidad. ¡Son tantas las opciones que tienes para volver a ti! Puedes seguir odiando la vida si quieres, y pudrirte en esa cama. Conozco bien cómo actúa ella y eso es justamente lo que quiere. Si no vuelves a ti, si no te das cuenta de que te estás dejando ganar, entonces tus sueños se marcharán junto a ella. Y dime, ¿no eres una guerrera?

¡Anda! ¡Levántate! Yo confío en ti, lucha contra el hastío del mundo.

Me paro enfrente de la ventana, examino minuciosamente el cielo. Está cayendo la noche sobre nosotros y, al parecer, viene con su mejor traje de brillos. Me pregunto, ¿y si Margaret se deja vencer? Llevo semanas tratando de ayudarla. Tendré que pensar en algo más efectivo. ¿Pero, qué? De repente pasa una estrella fugaz y mi deseo parte junto a ella. Tomo asiento en una esquina de la cama, agachando la cabeza, como buscando una solución que se me ha caído.

—He pensado en tus palabras, y ya he olvidado todo.—Dice Margaret con una voz juguetona.

—No digas nada. ¿Qué quieres hacer? —Le pregunto.

Intenta pararse, le ayudo y vamos dando pequeños pasos, hasta llegar a la galería. Me pide un cigarrillo, se lo enciendo y salgo a buscarle una manta. Al llegar está sonriéndome.

—Es una noche especial. —Dice con calma y ríe nuevamente, perdiendo sus ojos en el cielo.

—Lo es. —Afirmo.

No puedo contener la emoción y he olvidado mandar a buscar a Dina. Cuando por fin lo hago, me dicen que no está, que ha salido muy temprano. No importa, a veces desaparece sin decir a dónde. Ahora lo importante es mi amada doncella, ha vuelto.

Está aquí, hermosamente mía y lejana en sus sentimientos.

A la mañana siguiente, Lucie está acompañando a mi doncella. La espero fuera para llevarla al jardín a desayunar. Es una mañana diferente, huele a alegría, sabe a melocotón.

—Vamos —le digo—, desayunarás junto a las flores para que compartan su belleza contigo.

—Me halaga usted. —Responde sonriendo.

Los rayos del sol nos saludan, la brisa levanta con delicadeza cada mechón de su pelo, tengo la ilusión de que el trino de los pájaros es una orquesta solo para nosotros.

—¿Dónde está Dina? —Pregunta tomando su té.

—No lo sé. —Respondo enojado por arruinar el momento.

—Sabe que escuché todo lo que dijo, pero quedamos en olvidarlo. ¿No es así? —Dice sonriente.

—Todo lo malo debe ser olvidado. —Añado.

El zumbido de una abeja me hipnotiza hasta recordar que ya he olvidado todo. De mi marca de nacimiento en la nalga derecha no sé nada. He olvidado los nombres de mis antepasados y a veces extraño a mi madre sin saber quién era.

No sé nada de la madre de Margaret, así que me tomo la libertad de preguntarle.

—Mi madre ——dice—, esa mujer es la causante de todo, ¿puedes creer que una persona pueda empeorar tu vida por sus acciones, marcando incluso mi presente? Cada palabra suya, cada imagen que viene a mí me destruye. No deberían educarnos haciéndonos creer que una madre quiere lo mejor para nosotros, no siempre es así. Hay madres oscuras, dispuestas a robar nuestra inocencia. Envidian tu sonrisa y tu juventud, manchan con horrores tus sueños y ya no queda nada. Ella me odió. Me trató con indiferencia, su maldad me arropó y aún sufro tratando de entender qué hice mal. Me culpo por cada uno de sus problemas y respondí con rebeldía. Aunque por dentro solo esperaba que me abrazara.

¡Qué sé yo sobre mi madre!

Recuerdo la oscuridad en el baúl, las arañas que me hablaban, los cerrojos fríos que me observaban. Madre, has de dar vida y has de amar para dar vida. Llego a ti sin saber de ti, vives en mí como yo viví en ti. Dentro se esconde el flujo que lava la pesada duda con la que construyes tus puentes hacia un vago recuerdo, lleno de columpios vacíos y jardines sin podar. El amor nace en mí, y atas con tu mirada una divertida tarde. Debajo de tu falda busqué refugio y halaste tan fuerte mi oreja que ya podía escuchar detrás de las puertas. Tus quejas y reproches no son más que venganza por el abandono del hombre que se hace llamar padre. Allá muy lejano, me oculta de los que sí merecen su tiempo. Ruedo, no encajo en sus vidas, necio es mi deseo por querer ser amado como un hijo. Veo a los demás niños, les besan las rodillas; a mí sal y limón, y tal vez encima otra paliza. ¡Madre, está tan oscuro!

¡Qué rico olor a naranja! Margaret deja escapar una lágrima, debo sacarla del recuerdo, le hace daño, aunque fuerte forja su carácter. Le enciendo un cigarrillo y tomo uno para mí; su sorpresa al verme causa el efecto que yo esperaba. El humo disipa el recuerdo, la mañana va quedando atrás, y yo quemando mis labios hago arder aún más mi deseo. Yo quiero que mi historia no se quede por pedazos, darle el sentido que he buscado desde que empecé a narrarla. Siento que me pierdo y me gusta la originalidad de mis cambiantes personalidades pero, ¿qué hay de ustedes?

7

Descubriendo junto a los altares encendidos, divago sobre la procedencia de mi hechizo. He quedado atrapado en las altas piernas de la casa. El misterio de sus ojos que se abren y se cierran con la brisa, su piel de caoba tibia y reluciente. Viste adornos de épocas pasadas, es espaciosa su alma aunque ya no quepa otra alma. Anda quejándose de la humedad de la luz, de la silueta de los grandes árboles que la asechan por la ventanilla. Tiritaban los años sobre sus vigas.

—Estoy vieja como el aroma que me acompaña.

Gotean por los delgados huecos del pasillo algunas lágrimas. Recuerda su historia, cada persona que habitó en ella, las muertes con nombres y los faroles del carruaje.

Margaret viaja sin destino por los pasillos, desentraña en ella cada día nuevos misterios. Hoy he conocido el corazón de la casa. Detrás de la misteriosa puerta se escondía una gran biblioteca llena de polvorientos libros. Margaret confiesa no haberla abierto desde el accidente de su padre. Los pesares florecen al entrar, aunque dice sentirse algo aliviada de saludar por fin a sus amigos. Yo desconocía la mirada ferviente de mi amada al tocar los libros. Se dirige al escritorio, contándome cómo pasaba allí sus tardes. Veía cómo escribía su padre los cuentos más asombrosos y fantásticos. Hay una enorme caja llena de cuadernos.

Saca uno y se sienta sobre el mugroso suelo. «Quise seguir su legado —dice—, para mi madre no era más que una pérdida de tiempo.» Arrancó de mis manos el sueño que corría fantaseando por mis dedos. Sus gritos ganaron a mi inocente imaginación, y ya no pude volver a escuchar las voces sobre pájaros y lugares encantados. Deletreaba la palabra cuchillo, clavaba en su cuello mi odio. Al morir mi padre culpé a cada maldita palabra plasmada. Fui culpable de su muerte. No sé por qué tuve que volver a escribir, la necesidad de volar fue más fuerte. Al verme, mi madre culpó a mi padre y éste, ya cansado de sus peleas, salió en busca de alivio, accidentándose en el camino, muriendo súbitamente, solo, enojado, y hastiado de la vida.

Ahora recuerdo que en el camino vi una cruz. Le pregunto si pertenece a su padre. Su llanto lo confirma, la abrazo. Y siento cómo deja escapar un largo suspiro. No tengo nada que decirle. No puedo hacer más que darle en silencio mi amor, sin esperar nada a cambio.

¡Si supiera que daría mi vida por no verla sufrir!

Borraría de su memoria cada golpe del destino y ahorraría hoy en día su desdicha.

Llevamos el tiempo que se toma el pájaro cuando busca alimentos para llevar al nido. Estamos abrazados a un silencio que calma el alma. Se escucha la puerta, Dina entra. Se sorprende al vernos abrazados, y luego me pide dejarla a solas con su hermana.

Las dejé allí, silenciosas y sin vida. Necesito respirar, caminar, estar a solas conmigo mismo.

—Espere. —Dice Lucie, quien viene corriendo detrás de mí.

Sus senos se mueven aplastando su pecho. Su pelo negro y lacio parece escaparse del tronco. Me detengo bajo el velo de una nube.

—¿A dónde va? ¿Puedo acompañarlo? —Dice, con el corazón subido a la boca.

«Claro que puede», me digo para mis adentros. Y asiento con la cabeza, sabiendo que de igual manera vendrá.

Algo tiene la tarde que para los de corazones rotos les resulta agradable. No es romántica, mucho menos triste, solo ayuda a esperar en vela un nuevo destino.

Lucie toma asiento bajo el árbol al lado del camino, el único camino que va al pueblo. Yo quiero seguir caminando, pero anda cargada de maquillaje y tacones.

Lucie es carne y no espíritu. Habla tanto y a la vez no dice nada. Solo observo cómo se funden entre sí sus labios gruesos y carnosos. Llena de perfume exótico la suavidad de las flores. Encima de sus senos la piel palpita candente, me pierdo por los balcones de su largo cuello, tomando su ancha espalda para mis ritos y santuarios. Confieso que me seduce su figura perfecta, pero siento que su cuerpo es vano en sustancia, amasaría el fuego pero no podría lograr apagarlo.

—Desde ese momento nos conocemos —dice Lucie—, y no he escuchado una palabra de lo que ha dicho. Atento a sus últimas palabras, me presto a escucharla. Comenta su amistad con Dina. Que la conoce desde niña…, de hecho a las dos hermanas, pero que Margaret no se toma la molestia de tratarla.

—Es tan arrogante… —Dice, buscando mi aprobación a su comentario.

—Deberías decirle… —Digo, en forma de reto.

—De ninguna manera. Dina me ha dejado quedar en la casa. Para mí es un placer tener todas esas comodidades —y lo dice en un tono inefable y presuntuoso.

Al cabo de unas horas pendencieras me paro, sacudo mis pantalones y camino de vuelta a la casa. Lucie está callada, parece cansada. Se apoya sobre mis hombros, agarrándose también de mi brazo izquierdo. Mancha con su labial mi camisa blanca, se ve tan frágil, diferente a la que aparentaba ser modelo de revista.

—Me duelen los pies. —Se queja dócilmente.

—Ya estamos llegando. No te preocupes.

Margaret me espera en la antesala. Vestida de rosa, una falda ajustada a las caderas y los bordes amplios. Tiene los ojos afilados y cuando voy a hablarle, a preguntarle qué desea, se pone histérica. Me maldice cuantas veces es posible, y me manda a limpiar los retretes del inframundo. Me temo que he hecho algo malo sin tener la intención. Me disculpo sin saber el porqué de su enfado. Subo las escaleras y entro a mi habitación a ducharme. Doy vueltas a mi cabeza. La última vez que vi a Margaret todo estaba bien. Dejo que las gotas desaten el nudo de mi espalda. Tomo la toalla y hago un nudo a mi cintura, sintiéndome un faraón, antes de saber que venía envuelto en una canasta. Enciendo un cigarrillo, percatándome del buen gusto del tabaco y de la nueva apreciación a un mal hábito.

Tocan la puerta abriéndola de repente. Sus grandes ojos de gata se clavan en mis abdominales. Al instante enrojecen sus mejillas y cierra avergonzada la puerta. Para mí es un alivio que el cerrojo aún esté tibio. Una vez más estoy expuesto a la seductora mirada de la lujuria. En el armario una camisa de cuadros me asecha, seguramente ahora importa menos que antes el vaivén de mi silueta.

¿Dónde se esconde? ¿Y de quién? Lleno de hielo el vodka y quiero que sepa que el trago es por ella. Me ha maldecido esta tarde. Gracias a ella están carcomidas mis sienes. Regresando el tiempo, buscando el error que agravió sus caderas. La imagen vuelve a mí una y otra vez, el último abrazo, su alma convulsionada.

A mí nunca se me ha dado bien jugar al gato y al ratón, y menos si, por los tragos, me falla la razón. En la casa no está, su perfume frutal la delataría. Salgo al jardín y, al darme un vuelco el corazón, sigo avanzando, iluminado por la luz de plata que me guía hasta la enigmática mujer que yo buscaba. Me siento a su lado. Haciendo espacio, tirando de la manga. No responde su cuerpo a mi presencia, así que decido guardar silencio.

La noche tiene su cuerpo cubierto de reproches ahogados en un grito mudo. Su ira clava una astilla en el silencio. Siento ganas de besarla, de acercarme a su tormento, de unirme a su dolor, aceptando todas sus miserias como dueño y señor. Convertido en un estorbo, sintiéndome como hilo que se rompe, desato mi presencia de su lado y vuelvo distraído por el vodka y los cigarrillos que piden a gritos mi derrumbe pestilente.

Dina, delante de mí, ofrece un encuentro más íntimo en la cocina, con una taza de café. Pero estoy asechando a Margaret por cada brecha que me deja entrever la memoria. Pienso en su enojo, es por lo menos un sentimiento, ¿le importaré tanto como para odiarme? Prefiero eso que su indiferencia. Así por lo menos está atenta a mirarme, aunque sus ojos quieran aniquilarme, me ven, y eso me basta para seguir con mi conquista.

Hoy es de los días en los que uno se puede equivocar. Pero no he sido yo quien se ha equivocado. Lucie aprovecha la borrasca, subiendo a mi habitación con una taza de té. Es fácil imaginar que aquella mujer buscaba algo más que ser buena hospitalaria. Bebí un sorbo de entre sus manos. Sus ojos vivos me atraparon y caí en el centro de su ombligo. A punto de llegar entre sus piernas, recordé que nunca quise llegar allí, solo es una atracción seductora.

—Gracias por venir. —Digo, empujándola hacia la puerta.

¡Qué frágil se vuelve el cuerpo ante la ansiedad! Y la soledad es víctima y tirana a la vez. Disfruto tanto verla cambiar de máscaras, sus diferentes disfraces que en la noche me acompañan, está siempre tratando de ocultar su verdadero rostro. Es cruel, pero una excelente amiga; me da órdenes mientras cruza las piernas en la esquina de la cama. Trato de descubrir de dónde proviene su elegancia. A pesar de tener las manos y la boca vendadas, me seduce abriendo las piernas. Y es que no hay otra como ella. Abraza fuerte mi insomnio. Besa mis esperanzas y muere cada momento en su intensa oscuridad.

Cuando ya es de mañana, y el día de ayer ha quedado en el pasado, cuando la velocidad de nuevos retos alcanza nuestra vida. ¡Ay, cuánta mezquindad sale de la espuma del jabón al restregar mi cara! Mis ojos azules parecen fríos como el agua. En el espejo un hombre guapo me saluda. No es nada parecido a mí, yo destaco por mendigo que chupa las grietas del olvido, o las frías y húmedas aceras. Tengo miedo de no darle a la vida mi cuerpo en perfecto estado, no quiero saber del último largo suspiro en el suelo envejecido. ¡Es una carga pesada la vida!

Levantarse de la cama y planear, desayunar junto a los agujeros que han dejado huérfanas a las goteras.

Trato de convencerme de que vale la pena, y el amargo de la hiel sencillamente desaparece. Se guarda otra dosis para otro día amargo. Acomodo mis cabellos hacia un lado y hacia otro, dejándolo abandonado a la orilla de la frente. Tomo una camisa azul tratando de venderme al mejor postor.

—Buenos días. —Saluda el joven Giancarlos.

Desayuno rápidamente y salgo a caminar. Vuelvo a acariciar la idea de perderme en el paisaje, entre el viento y las hojas secas. Mi cuerpo vuelve a tomar la forma del ser iluminado del universo. En los sueños más íntimos del follaje.

Desciendo a torturarme con la humanidad, con la ignorancia de quienes habitan en la existencia superficial, llenando de cosas materiales su deseo de ser. Olvidando por completo que hay una historia que contar: su historia.

¿Y qué dirán cuando ni siquiera saben apreciar las páginas sujetas al alma? Colgado de sus cuellos llevan sus propios sacrificios. En sus muñecas las esposas que lo atan al malhumorado tiempo. Caminan perdidos, descuidando sus hijos por unas vitrinas llenas de felicidad publicitaria. Se refugian en un monótono sistema de promesas ajenas. Nos hacemos débiles, sin duda; me intriga saber el futuro que parece desfallecer junto a nuestros sueños.

Me siento en un pequeño café, al lado de la peluquería Marie. Al mirar el menú veo que tienen el mismo nombre.

—¿Qué desea tomar? —Me pregunta el camarero.

—Café negro, por favor —Respondo pensativo.

Enciendo un cigarrillo, sintiendo mi doble moral. Juzgo la miel y no las lenguas picadas por las abejas. El sonido de los pasos de los que van y vienen retumban en la pequeña taza.

—¡Margaret! —Grito como un loco.

—¿Qué hace aquí? —Responde con otra pregunta.

Me levanto, invitándola a sentar. Halo la silla y se quita la chaqueta. Tiene el pelo recogido en un moño alto, y ha pintado sus labios con rosas rojas. Amo la palidez de su piel.

Ahora, sentado aquí, puedo entender que, durante todos estos meses, no he hecho más que adorarla, amarla y desearla. Es que en ella no hay misterios. Veo en sus ojos toda su conmovedora historia y, aunque ha sufrido bastante, prefirió no ser víctima de los cuervos.

Siento celos, celos del camarero y del peatón que pasa observando de reojo aquella extraña muchacha.

—¿Sabe?, ayer fui a buscarle al salir de la biblioteca. —Hace una pausa respirando hondo y continúa diciendo.

—Quería enseñarle mis dibujos, escribir se le da bien a mi hermana. Yo soy más de devorar los escritos ajenos.

Me quedo un momento en silencio. Deduzco que su enojo se debe al no haberme encontrado. Y tal como es ella, desdeñosa y malcriada, me hunde en sus más mínimas rabietas.

—Salí a caminar. —Digo, excusándome.

—¡Ah, sí! Imagino que fue muy grata la caminata junto a Lucie, ella sí sabe andar en tacones.

Enciende un cigarro y pierde la vista en la calle.

—¿Qué quiere hacer hoy? —Le pregunto, evitando su mirada. —¿Le gusta el cine?

Me pregunto por qué no pudo hacer otra pregunta. Tendré que ser sincero.

—Odio ir al cine. —Digo, con cara de disgusto.

—¡Vaya! Pensé que era la única que no soporta encerrarse con desconocidos a compartir un sentimiento.

Me río secamente y le propongo almorzar aquí mismo, es un lugar agradable y luego decidiríamos dónde ir.

Está de acuerdo y ha relajado un poco sus mandíbulas.

—¿Qué le gusta hacer? —Dice, mientras lleva unas papas fritas a su boca.

—Caminar. —Respondo en modo automático.

—¿Cuál es su nombre?

Me invade con otra pregunta.

—El caminante.

—Entonces, no me dirá su nombre ¿Puedo saber qué es lo qué oculta?

—Nada.

—¿Quién es usted?

La miro fijamente a los ojos y, sin apartar la mirada de su rostro, llamo al camarero.

—La cuenta por favor.

Antes de irme me encargo de dejar bien claro mi desencanto.

Parándome y pisoteando sus últimas palabras.

—¿A dónde va? ¡Espere!

Calles que llevan años cargando desconocidos y extraños, todos trabajamos para moldear sus columnas. A veces gritan, y nadie las escucha. solo pisan y escupen su rostro.

—¡No te debemos nada! —Dicen—, somos dueños de todo.

De la tierra, la arena y el cemento.

Caminar sobre una calle es diferente; desprende un olor a suelas gastadas y la poca tierra que se desliza con el viento por encima; es el polvo que amansa, las máquinas que clapsonan enojadas.

La mirada de los pájaros sin alas congela el último gesto de mi boca. ¿Por qué es un desastre el espiar en mi pasado? Un desastre es el paso pausado por el miedo. Mis pies claman reposo, y mi corazón ejercita con más fuerza la feroz impotencia.

Me acogen con fuerza las charlas de unos caballeros en el parque. Una frase lidera mi estado y caigo a la altura de cada una de sus letras: "Todos queremos ser y, al no ser lo que deseamos, olvidamos que aún somos".

¿En qué clase de tertulia están? Tienen una botella de ron y los cigarrillos ahorcados. Imagino que son los que han vivido los desastres inminentes, y las circunstancias de la vida.

Me fui acercando despacio a su banca. Sonrieron como si estuviesen acostumbrados a los espectadores en busca de respuestas.

Siguen con sus temas sobre el ser, y yo, al ser tan descarado, pregunto sin avisar:

—¿Qué pasa con el que no es?

—Entonces no existe. —Responde un anciano con un bigote mal peinado.

—¿Por qué somos lo que somos? ——Digo agitado.

El mismo anciano se pasa la mano por la cabeza casi calva y dice:

—Pregúntate mejor, ¿por qué no habrías de ser quien eres?

Porque ya eres, todo lo que cubre tu piel y no puedes ver, es la envoltura que lleva tu alma.

Has venido aquí por respuestas, y no puedo dártelas, recuerda tu pasado y la voz que te regía desde el vientre. Encuéntrate, destruye esa enorme pintura que cuelga en tu memoria, no puedes seguir cantando la misma canción sin voz.

Parado enfrente de la cruz al lado del camino, pienso en que no conocí a aquel hombre y por eso no me duele su muerte. Es el padre de alguien, de la mujer ingrata que me agobia y me rescata. Ella lo ama porque es su padre y yo, yo la amo a ella porque la conocí desnuda entre el alma, y me importaría, me importa si muere o vive.

No hay tiempo que ganar, solo tiempo que perder. Mi cuerpo se hunde entre las sábanas y el aroma a lavanda calma mi estrés. Caen todas las estrellas delante de mis ojos. La luna, con magia cambia de cuerpo y ya es de mañana.

Caminar para no caer en la monotonía aplastante, y me pregunto qué hay más allá del gran árbol viejo. Un jardín oculto, una fuente olvidada y en condiciones dolientes para los peces y pájaros que nadaron en ella. Una fuente, rodeada de malezas, flores salvajes y una historia secreta. Una fuente natural, que atrae mi atención. Examino cada centímetro de ella. Es una gran fuente, y en el centro dos cisnes bailan la danza de una escultura. ¿Sabrá Margaret sobre ella? ¿Por qué está al abandono? No puedo evitar apartar las malezas de una mente insana, redimir, rehabitar, respirar la belleza que se oculta.

Me imagino el brillo de las flores, el rocío en la mañana, las abejas, los insectos envidiosos. Plantar todo tipo de rosas; rojas, azules, negras, amarillas.

Pongo en marcha mi tarea y empiezo hablando con Dina. Es extraño que esté abandonado —le digo.

—Nuestros padres nunca nos dejaron entrar allí. Creo que quedamos frustradas. Era como si hubiese algo oculto allí, algo preciado y peligroso. —Dice Dina misteriosa.

—Quiero hacerme cargo del jardín oculto.

—Mamá y papá no están, no veo por qué no. Toma lo que necesites. Estaré ansiosa por ver cómo queda.

Un jardín es más que plantas y sombras, son las caricias de la ilusión, de una existencia colorida que hace soñar junto al pensamiento, y mastica el dulce de las mariposas. Es el hijo de cada primavera y en él se hacen promesas en otoño de reencontrarse el próximo verano. Sus puertas siempre están abiertas para la luna y el sol, para los geranios y escarabajos. Me detengo un momento en una esquina de mi ya marcada puerta. Tomo una imagen ilusoria y la guardo para ir creando el más bello jardín del mundo.

Puedo con las malezas, puedo combatirlas pero pelean con fuerza, arañan mi brazo, me atrapan sus ramas unas con otras, punzan fuerte mis costillas y lo que llevo en mi mano parecen solo herirlas. Cansado y con más trabajo del que imaginé, voy a la casa a refrescarme. Dina me sirve una limonada. Se queda mirándome sonriente, deja escapar unas palabras tiernas y dulces:

—Si pudiera elegir, serías tú.

—¿A qué te refieres? —Pregunto desubicado.

—Eres un buen hombre, ayer estuve… —Hace silencio y me pregunta cómo va mi jardín.

—No es tan fácil como imaginaba.

—Debe tomarse su tiempo. Escuche, por qué no vamos al arroyo y compartimos algo de lectura. He escrito un poema y estoy ansiosa porque lo leas.

Entre poemas, brisas de otoño y el arroyo frío y claro, nace el sol cuando ya se está ocultando. Vuelan las piedras y se clavan de raíz los pájaros que hablan el lenguaje de los nardos.

—*Sei bellísima.*

—*Grazie.* —Responde ella.

Sé que el aroma de su piel atrae sutilmente las hojas secas que vuelan alrededor cantando devociones y seduciendo la sencillez de su aspecto. Soy fiel a mi instinto, la veo pura y casta, pero hay momentos que de ella algo se escapa; lujuria, mentiras, su mirada agresiva se oculta detrás de sus grandes espejuelos. Me leo una corazonada: porque todo lo que puedo ver es casi invisible al alma. ¿De qué se esconde? Mi doble moral atropella el momento, chocan nuestras miradas opuestas y no se repelen. El arroyo empieza a burlarse de mis pies, así que los escondo detrás de un tronco viejo, escucho atento las vívidas líneas de Dina y salimos al camino. Andamos por el abandono de la brisa, como zombis cansados atravesamos la entrada.

8

Estoy escuchando los susurros del bosque que me invitan al balcón; a orillas de la saliva de la noche, la oscuridad se convierte en sombras y los espectros acechan desnudos, ansiosos por pervertir mi mente, por salir de detrás de los árboles y compartir la misma luz que se escapa por la ventana. El bosque a lo lejos canta nanas y me duermo parado en santa comunión con algo siniestro y sagrado, que se cierra ante la ida del sol, que enloquece y se torna malvado si no hay rayos de luz acechando. Margaret, es ese bosque, ese bien que atormenta, que daña y calma.

Voy al encuentro de las dos hermanas; ya no encuentro diferencias en ellas, ya conozco el aroma de su sangre y la locura que comparten. Dina toma té caliente, con los pies sobre la alfombra. Margaret esconde los pies debajo de sus nalgas. Tomo asiento frente a ellas, en una silla tapizada por un payaso. Las dos hermanas, sentadas en el mismo mueble: una lee y la otra bebe. Una me mira y la otra me ignora abrazándome. Una no dice nada y la otra arrastra las cadenas del silencio. Un arrebato me arrebata de la silla, me siento en medio de ellas y aspiro la naranja y el jazmín, una infusión que me atrapa y enloquece. Dina me entiende y Margaret es una astilla con raíces.

Recolocando sus anteojos se para y me sirve un trago, mientras que Margaret deja caer su mechón sobre mi cara, el rostro que mira el techo que cruje. Dina toca con la punta del meñique mi mano. Margaret toca con la punta del pie mi pierna. Un juego erótico y peligroso. Otro trago, los cubos de hielos se ahogan en el vaso y el vodka ríe a carcajadas.

—¿En quién te has convertido? —Pregunta una enorme libélula que se ha sentado delante de mí.

Espera que responda, los dedos de sus pies suenan como las manecillas del reloj. No tengo porqué responderle. Al fin y al cabo es solo una libélula, y yo el dios de mi destino, del vestido y la embriaguez que me acompaña.

—¡Mírate! —Dice, y se echa a reír.

Cambia de color y vuela apresurada dejando el eco de un grito burlón y triste. Sus palabras se repiten, y caigo en la cuenta del libertinaje de mis actos.

Dina me persigue por las escaleras, no quiero detenerme. ¿En qué o quién me he convertido? Antes conocía al hombre que era, me veía en un dolor translúcido, acariciaba conforme mi soledad que me acompañaba, mi vida era toda mía. Un hombre amargado que caminaba buscando perderse. Ahora estoy estancado entre el vicio de una mirada, el amor pasional de una cabellera y la sagrada promesa de cuidarla.

—¡Detente! —Dice Dina, y suelto la manecilla de mi puerta.

—¿Qué quieres? —Le pregunto con desgana.

Entro a mi habitación y la dejo afuera. Tragos malditos que sacan a relucir cualquier porquería. Me siento en la cama mirando el armario, enciendo la luz desgastada de encima de la mesa de noche y casi gritando que me abandonen los pensamientos, empiezo a desvestirme.

Los grandes espejuelos abren mi puerta, no siento vergüenza; la miro, somos dos íntimos arcanos que ocultan el placer de ese jugo azucarado que se exprime con cada roce no intencionado. Proclama mi carne, le tiemblan las rodillas, la hago sufrir dejándola en la incertidumbre de qué sigue ahora, mis ojos se clavan en los suyos,

y nace un nuevo color. Ella desprende un perfume erótico de su piel, y desde aquí puedo sentirlo, mi sexo retoma el poder, escala la montaña más alta y agarro al fin su mano invitándola a desvestirse ella misma, no disimula su afán, y su boca mojada triunfa bendecida porque nos metemos en las sábanas pendencieras y tibias; la invito con egoísmo a despertar a mi lado. Muero por quebrantarle los huesos, pero la pongo de espalda, sintiendo mi sexo y la abrazo fuerte, susurrándole al oído que esta noche no pasará nada.

Los pájaros están ansiosos por observarnos desde la ventana. Entro a la ducha y al salir Dina no está. Tengo tiempo para pensar tranquilo ¿Qué he hecho? Meterla en mi cama mientras corrían mis sueños con Margaret. Lo olvido.

Margaret me ignora y Dina me acoge. Su odio me enamora, su amor me atrae. No me canso de esperarla, no me canso de tenerla. Por una conozco el dulce de la miel, y por la otra, el amargo de la hiel. Paso todo el día junto a Dina, sintiéndome confundido; su boca, sus espejuelos y el arroyo han hecho de mis tardes una serena costumbre, versando sin saber hacerlo, recitando en silencio y el frío gritando. Acercándonos, le doy el placer de sufrir por mí, me siento atrevido. Son esas muecas tímidas de colocar su pelo detrás de su oreja o arrugar la nariz al reír por cualquier tontería. ¿Qué, si ahora en este momento la besara? Lo haría a no ser porque hasta aquí se extienden los naranjos. Dina escala suspirante por varios sueños esta semana. Y justo hoy, la encuentro tan cercana a mi piel, que no sé si me erizo por ella o por sus ojos. Llévate mi alma y hazla tuya. Desearía entregarme y acabar impregnado de esa fragancia tuya que es amante y acude rumbo a las borrascas y sombras de mi vida.

9

Ella le abraza el tuétano de los huesos y su pupila vaga parece temblorosa. Él, cruel tirano, la besa en la boca y mi sangre hierve al darme cuenta de que su amigo es solo el ilusionista cobarde que a lo lejos hace alarde, presume ser cordero y va vestido de lobo feroz.

Frágil, la veo débil, deshojada, marchita, pálida, tonta y visionaria. Emilio viene hacia mí y yo…, yo simplemente hago uso de mis modales adquiridos hace poco.

¡Ay, muere! Ese amor bonito. ¡Muere! ¡Sacrifícame! ¡Hiéreme! Acaba esto que empezaste sin querer. ¿Por qué este amor? ¿A qué tengo derecho? A sonreír, a felicitarlos, a tomar cada trago a su suerte. Dina se ha escapado y me ha dejado solo y acompañado; solo atormentado y acompañado de agonías y celos. Margaret presume también, me mira por vez primera en estas semanas. Sonríe desdeñosa, se ve caprichosa, sonríe, pero se ve frágil, pálida, deshojada.

¡Ay Emilio! Mi amigo por ti me doy en el pecho. Vas vestido con tu mejor traje: traje arrogancia, traje elegancia y mil historias que contar. Te ha ido bien, debiste seguir por ese camino, tal vez robaste el mío. ¡Habla, habla! Margaret mastica las migajas, frágil, pálida y deshojada.

Por primera vez no es a mí a quien se le suben los tragos a la cabeza y literalmente rompe el vaso al hacer una marioneta. Es gracioso, y cuando me abraza dejo escapar como una llama que pensé apagada estas palabras: —Amigo ¿Cómo te ha ido?

Me mira fijamente a los ojos, me da unas palmadas y suelta una carcajada de borracho.

—Yo estoy bien. —Grita bailando como un gigolo —
¡Estoy con ustedes y ustedes conmigo!

Brindo levantando mi vaso, miro a Margaret y viene hacia
mí, dos pasos, mil pasos en la lentitud de sus caderas. Sin
mirarme, con su vista puesta en Emilio, mirando cómo hace
payasadas como un niño tonto dice en voz baja: «Una vez
pensé que te quise».

Toma otro trago y abraza por detrás a Emilio, empiezan a
danzar ardientemente perdiéndose el sol en el horizonte de sus
caderas. Toman al compás de mi nostalgia, sus deseos y roces
se entregan al instante y sé que estorbo. Pero no puedo
moverme; trato de frenar mi ira, trato de controlar el viento
impetuoso que sale de mí. Respiro al ver entrar a Dina, luce
estupenda, camina con gracia hacia mí: Margaret y Emilio nos
miran pendencieros; su vestido ajustado y la espalda libre hacen
que me motive a agradecerle por tomarse la molestia de enredar
también en un moño alto su hermosa cabellera.

—Me alegra verte de nuevo. —Le digo volviéndome esclavo
de sus hermosos ojos marrones.

—¿Qué dices? He venido por un trago y a celebrar la
felicidad de mi hermana. —Sonríe y levanta su copa de vino,
sonriendo en tono de burla, pero perdida. Embriagarme de su
voz y sonrisa, encontrarme en su mirada con cada carcajada, así
es como la suerte me envidia y las bombillas pestañan al ver la
chispa que salen de mis manos al tocar su rostro ajado; al
olvidar por un momento los sudores de la noche pasada, la
trama entre la dama y el vago, los suicidios extraños de mi
ilusión y la imaginación como única protagonista que muere
con cada página que pasa. Se nos unen los enamorados
rompiendo el hechizo de medianoche. Regresa la espuma a mi
vaso, y me siento viejo, se han fugado los años por mi
memoria, he dejado la jaula entreabierta y la indiscreción de un
bostezo delata mi edad.

—No hay mucho que decir. —Me iré a la cama.

—¿A dónde vas? —Dice Margaret tomándome desprevenido por el brazo e inventando una melodía diferente y calma, abrazada a mí, paso a paso, la canela y el árbol de naranjo. Mis manos a mitad de su espalda descienden lentamente y se frenan en la curva rebelde. Estoy fundido en su cuerpo, en su aroma, en su hermosa piel pálida.

Me siento cazador y presa. Su pelo alborotado secuestra todo mi rostro.

Los tragos, su mano en mi mano, una media vuelta, se ha vuelto pícara y yo, esclavo de su mirada, sus latidos endurecen mi amor y derramó un sollozo que moja su vestido. Me he dormido con un confuso encanto, libero no sé por cuánto un grito ahogado y seco. Mi cabeza sobre su pelo, la suya sobre mi pecho, ahora nos mecemos como dos niños enamorados, ahora nos vemos con los ojos cerrados, y besamos el tiempo nuestro, el sentido respirar profundo que indica romance.

Un grito fuerte nos aparta de repente, miramos, Dina y Emilio están discutiendo. Me siento culpable. Margaret va hacia allá y reina el silencio al incorporarnos. Dina sonríe como si nada hubiera pasado y Emilio retoma los halagos con la mitad de mi alma. Todo es tan extraño. Me arde la cabeza, debajo de mi voz está ella, obediente a mi pordiosero amor, me espera, me desea y la he rechazado.

Sube esta noche nuevamente a mi habitación (en su propia casa), es más de medianoche y la cenicienta me despoja de mi traje, yo permanezco inmóvil ante ella, dos lugares en los que quisiera estar, una mujer que me seduce y otra, otra hace fracasar y alzar mi esperanza. Pienso en ella, la otra, la que es por siempre y siempre será, calculo cuánto espacio necesito para guardar todo lo que siento. Y me pregunto, si intento volar hacia otro nido, ¿habré traicionado con sombras la luz de mi vida? Aquí en esta cama somos más de tres: ella corresponde a una tragedia, yo a la tentación y luego al corazón y al disfraz del silencio.

—¿Duermes? —Le pregunto.

—No puedo dormir —Responde.

Y voltea su cara desnuda hacia mí. Sonrío, se ve árida sin sus espejuelos. Pongo su cabeza entre mis manos, nos miramos fijamente y ya no hay nada más que ocultar. Lo saben todo nuestras miradas. Ella deja escapar una lágrima y salgo a buscarla con un beso en su mejilla. Un beso sincero. Triste por su tristeza, la aprieto contra mi pecho y la obligo a que atraviese mi cuerpo desnudo. Soñé con ella, y la otra estaba celosa de su vientre florecido y de todas las mariposas que la alzaban a mi cama. Soñé con dos manzanas idénticas y solo una mordía y la otra era aplastada por una gran oruga. Soñé que dos mujeres bailaban y yo elegía por el encanto de su paciencia, soñé con un precipicio, yo precipitado me abalancé hacia su espalda descostada.

Los dos enamorados ya están desayunando. Hinchados de risas y pan. Ahogados con zumo y toques en la mano. Me empalaga la mermelada dulce en el pan y las migajas que me ha tocado recoger, las que me he dispuesto a soportar. Soy mudo testigo en el crimen de su coqueteo.

—Voy al jardín. —Me excuso y me levanto.

—¡Espere! Enséñele a Emilio el proyecto en el que trabaja. —Se mira las manos y continúa diciendo. —Quizás él pueda ayudarlo.

—Claro. —Respondo a desganas.

Llegamos al jardín oculto, no veo sorpresa en su cara. Le doy detalles de todo lo que me gustaría hacer, ajustes, plantaciones, decoraciones. Se ríe a carcajadas. ¡Ay, amigo!

—¿Qué pasa?

—Deja fluir. —Responde.

—¿Qué?

—¿Quién hace el trabajo en los jardines?

—El jardinero.—Respondo.

—Tu problema está resuelto, yo me ocupo, encárgate de que las mujeres no vengan por aquí hasta que esté todo listo. —Me dice con cara de pícaro.

10

¿Quién es mi aliado y quién corta mi respiro? Será el mismo que me abraza cuando desaparezco de los ojos destripantes, de los que escudriñan sin saber que en mí no encontrarán nada. Nada: el todo que ocupa un espacio naturalmente imaginario. ¿Quién toca el olvido? Me ha alcanzado y me aferro a él, a una paz que me libera de la culpa, del miedo por descubrir por qué sale la ira por mis poros, ese olor que desprende un momento que me parece conocido. He avanzado, soy al menos aceptado por la idea de no ser y, ¡qué bien se siente!

Estoy avanzando, este camino es nuevo, más allá del arroyo, más acá de mi soledad, creo ser el único en el mundo, mi mundo lleno de árboles y vacío de cualquier sentimiento que me acerque a otros. Avanzo, y junto a mí un dolor desconocido. Camino adentrándome más y más en la oscuridad, a unos ojos que me observan desde las copas de los árboles, desde la tierra oculta por las hojas, ojos que me miran atentos y me abrazan desde lejos.

El frío penetra mis angustias, sin tan solo pudiera morir, si tan solo viviera por lo menos mi alma. Quiero rendirme, pero la lucha de su mirada da color a mi pálida piel. Vivir sin ganas pero por ella, vale la pena. Y la luna sonriente sigue siendo una dama romántica. Un árbol me cuenta que también ha sufrido, pero sigue firme, un poco doblado pero firme. Deambular y perderme, ahora aguantar, soportar la fría noche, lejos de mi amada, de mi novela rosa y cualquier esperanza.

¿Quién me visita en la soledad del bosque? Es ella, ojos de viento, ligera y serena flota sobre mí, dándome su alma por unos segundos, siento su amor, y luego la olvido, no debo recordarla.

He sobrevivido a mis delirios, a la fría noche y al futuro que aterra mi vida. Camino en dirección a una corazonada. Estoy de nuevo cerca del arroyo y, aunque prefiero no sonreír, admito que pensar en volver a ver a mi Margaret es grato y confortador. Estoy sediento y cansado. Margaret está enojada. Dina, sin embargo, luce preocupada.

—¿Dónde has estado? ¿Qué te ha pasado? —Me invade con una pregunta tras otra, y solo puedo mirar hacia la cocina.

Saciado, sin los mal olores de una mala noche, explico que me he perdido por el bosque. Margaret cambia de semblante, me abraza y estoy tan desconcertado como complacido. Y es el aroma que desprende esa mujer, su lado agrio es siempre balanceado por su dulzura. No sé cómo explicarlo, yo solo sé que a su lado el hombre sin moral se esconde.

—¿Dónde está Emilio? —Pregunto.

—Salió a buscarte y aún no ha regresado.

Dina empieza a llorar. Y Margaret parece obviar el hecho de que su amor anda perdido. Me paro y les digo que saldré a buscarlo. Listo, y abriendo la puerta, el joven Giancarlos pide acompañarme. Me parece buena idea. No íbamos ni a una yarda de la reja cuando diviso la abrigada sonrisa de Emilio.

—¡Amigo!

Voy a su encuentro lleno de alegría. Nos damos un abrazo. Un abrazo fraternal.

Me doy cuenta de que ya no puedo seguir dejándole una brecha a la oportunidad de estar con Margaret. Lo mejor es que me vaya. Emilio a pesar de todo y nada, ha tocado una parte sensible en mí. Estoy tomando mi duquesa , mi mochila y las mil ganas de quedarme, aunque es un sentimiento contradictorio, pensar en el camino, la paz en el silencio, mis amigos los árboles, el loco que habla y me dice: «Escúchate, sabes que eres solo un caminante y nada más necesitas. Anda, que se agite tu respiración, que tus muslos se batan contra el viento.»

Tocan la puerta. Es Margaret. —Pasa —le digo—, y tengo mi mochila en mano, esperando mis órdenes para subir a mi hombro.

—¿Se va? —Dice, tocando sus manos justo encima del dedo índice.

Titubeo y le digo:

—Me iré.

—Si quiere irse y dejarme, prometo no detenerlo. Lo entiendo.

Baja la mirada y pasa nuevamente su mano sobre el dedo.

Continúa diciendo:

—Estoy loca. Le amo a él, y a usted. Vio cómo me divierte estar con él. Sin embargo, junto a usted me siento a salvo. ¡Ha hecho tanto por mí! Ya sin usted no sabría qué hacer. Y, sobre todo ahora, ya no tengo a Adelina. ¡La extraño tanto! ¡Quédese! ¡O váyase! Pero no juegue con mis sentimientos.

Y se echa a llorar encima de mi cama.

—Margaret —Le digo empujando sus rizos rebeldes detrás de su cara, mientras sus sollozos parecen no cesar.

—Usted quiere abandonarme. Después que prometió cuidarme.

—Me quedaré, te protegeré, solo que debes entender que Emilio para mí no es un obstáculo; al contrario, ha dado ese paso hacia mí y ha liberado alguno de mis demonios. Así, como has hecho tú. Con tu belleza que rima con las riquezas egipcias.

¡No llores más, amada mía! Estaré contigo, como tu amigo, ten mi hombro, apóyate en él.

Se ha calmado, seca sus lágrimas y me brinda todos sus blancos diamantes. ¡Qué hermosa sonrisa!

Dina irrumpe en mi habitación.

—¿Te ibas sin decirme adónde?

—Soy un caminante. —Digo, confundido.

—A veces no te entiendo. Creo que me quieres, que haces todo esto por mí, y luego pareces tan lejano.

Puedo ver cómo arden la furia y la decepción al mismo tiempo. No digo nada y la abrazo fuerte, apretándola tan fuerte contra mi pecho que sus espejuelos caen al suelo. El perfecto equilibrio entre sujetarla y obligarla. Le hago entender que lo que siento por ella no es más que una amistad, un apego liberal y emocional, lejos de ser un amor verdadero. Pienso que soy un hombre libre que rueda sin parar, hasta ahora que he chocado con un enorme muro, he saltado, deslizado, intenté derrumbarlo y no he podido.

11

—¿Qué quieres, Lucie?

—Me siento traicionada.

—¿Y deseas?

—Traicionar.

Aparece Margaret con Emilio, muy sonrientes y diría yo, que enamorados, hasta desparramar sus coqueteos por toda la casa. Se ve feliz, él se ve extasiado. Yo, el tonto que observa de lejos cómo va todo. Miro a Lucie y comprendo su desencanto. Está rodeada por la capa de la desesperanza. Aquí parece haber una maldición, conozco las tragedias en sus ojos, son las mismas que me abrazan cuando reparo de la realidad un sorbo triste.

—¿Lucie?

—Sí.

—Te invito a cenar esta noche.

—¿A dónde?

—Aquí, me tomaré el atrevimiento.

Lucie sonríe poniendo sus manos sobre su boca. Hacía mucho que no veía una sonrisa sincera. Se va, no sin antes confirmar que estará encantada de acompañarme esta noche. Pongo en marcha el orden de mi plan cautivador. Dina es la respuesta. Le cuento la soledad de una amiga y que tomaré el jardín para lucir un "perturbador" romance. Su cabeza está en Júpiter, asiente y continúa abrigándose para salir.

No creo ser pariente de la lucidez, tal vez sea el problema que trae consigo la solución. Opto siempre por la sencillez, un lindo mantel, velas, y la exquisita cena que ha preparado Lula. Giancarlos se ha encargado de ir por el vino, y mi vodka y yo siempre hemos mantenido la nota por encima del blues.

7:00pm en punto, paso por mi acompañante a la sala de estar. Se sacude el cabello, arregla su escote sin ley fuera de la norma, su vestido ajustado mantiene preso su cuerpo. Ya sé que el rojo es su color favorito. Toma mi mano y al salir al jardín tropieza con las luces que sorprenden. De un suspiro, casi gritó todo su ser.. Su semblante ha cambiado, iluminada, encantada y saciada, pide a gritos con su mirada pasar ahora una noche traviesa. Toma el vino el rojo de sus labios. La noche coopera y enciende cada estrella, mientras que la dama romántica guía la orquesta. Me siento en total libertad, y la belleza deslumbrante de Lucie no me detiene; al contrario, es un imperativo deseo del intenso consuelo.

—He olvidado por qué lloraba esta tarde.

—Del recuerdo no se vive.

—Quiero conservar el recuerdo de esta noche por siempre.

—¿Qué tiene de especial?

—Que por primera vez me siento especial.

—Porque lo eres. Y más que eso, veo bondad en ti.

—Gracias.

Baja la mirada y continúa.

—Al verme en el espejo, solo veo una vulgar sensación, boca grande y pechos insaciables. Los hombres no han mirado más allá de mis pezones, y yo revelé los imperfectos para sentirme a salvo.

Por lo menos pensé que tenía el control.

—¿El control de qué?

—Del deseo que provoco.

Vaya, la he subestimado. Ahora entiendo, se esconde detrás de su cuerpo perfecto, como yo en el camino. La revelación me ha rescatado de una mal pensamiento. La valoro, aprecio que capture y devore mi tiempo con su presencia. Voy a velar por que el fuego no se extinga, llenaré su copa y contaré historias graciosas y bellas. Hasta ahora el alivio de sincerarme con ella, de sincerarme actuando sin miedo a fallar, convertido en un vago y cruel caminante que huye de su destino. Y no se puede retroceder, pero pesa menos al olvidarlo, sin querer ni siquiera rogar porque el suplicio acabe. Ahora no quiero saber su historia. Tormentos y promesas son un mal presagio, donde el vino manda y saca los desperdicios es mejor dejar que de afuera pulule una ilusión alegre.

—Dame tu mano. —Le digo.

—¿Interrumpo? —Dice Margaret, sarcástica.

—No hay nada más cierto que su interrupción.

Lucie me mira, pide permiso y se retira de la mesa. Margaret toma su lugar. Mirándome fijamente y con una actitud arrogante que odio. Soba sus manos, toma mi copa y empieza a decir:

—Sabía que estaba al acecho de esa brecha.

—¿Y Emilio? —Le pregunto.

—¿Se burla de mi dolor? Sabe que siempre desaparece. Huye de mí. Como usted.

—He dejado muy claro mis sentimientos.

—¿A dónde va?

—Veré cómo está Lucie.

Me detiene tomando mi brazo, presionando su rostro contra mi cuello, respirando lento, paralizando el tiempo, avanzando los latidos fuertemente. Mi doncella, es inevitable que no te quiera. Tomo asiento, en vez de mirarla, jugueteo con mi vaso de vodka medio lleno, enciendo un cigarrillo, el humo me asfixia, o mejor dicho la idea de saber que estoy intoxicando mis pulmones, y mala mía, es todo lo que necesito. Intoxicarme con alcohol y vicios seductores. He vivido tanto en tan poco tiempo. ¡Que ironía, de caminante a guardián! Ella lo vale. Su sonrisa perfumada vale cada miserable día. Si alguien estuviera leyéndome no entendería de qué hablo, estaría confundido, diría que me contradigo y es cierto, pero lo que siento, lo que me espera en el fondo del corazón es su imagen amándome sin dudas ni engaños, un amor sincero, maduro y responsable. Monótono, sin todas esas emociones que acompañan el día a día de Margaret. Soy un hombre sencillo que ha visto mucho en el camino, más de lo debido, la verdad absoluta que acompaña al muerto, la sangre que corre por los manantiales, esos espejismos que flotan sobre el río, y los sudores de las alucinaciones, no son un crimen.

—¿Se encuentra bien? —Pregunta Margaret, preocupada.

—Es difícil saberlo.

—Quiero que me acompañe a la iglesia, mañana temprano si es posible.

No puedo evitar reír, han sido unas de sus mejores bromas pesadas.

—Lo digo en serio. —Reitera.

—Entiendo que no sepa mi nombre ni mi pasado, pero aquí, en el ahora, ¿ve usted algún tipo de ignorancia en mí?

—Mañana irá conmigo, no es lo que piensa. Buenas noches, veré si ha llegado Emilio.

—Espere, ¿por qué no mejor va con Emilio? —— Le digo en tono de mando. Y claro con mi pizca de celos.

—Emilio carece de alma. —Responde, arrastrando su falda sobre la grama húmeda, el sereno de la noche. ¡El sereno de la noche! No deja escapar nada.

Ahora sus palabras alimentan mi crisis. Alma, iglesia, tendré que pelear con otro dios, o dioses; tratándose de Margaret puede, y sea a ella a quien vaya a rezar.

La cama me habla, el pecado asciende por mis poros, el vodka regresa del estómago, arde en fuego la cruz sobre mi cabeza, Jesús, niño Dios. Los gritos se escuchan, debo salir de la cama, debo salvarlo, a dónde van, serán ejecutados, regresen. Arde mi lengua, arde una rosa blanca sobre mi boca. ¿Por qué me persiguen? ¿De qué época son estos trapos? Mis sandalias llenas de polvo y sangre avanzan junto a dos soldados con cuernos afilados, llevan máscaras oscuras y sus ojos de fuego ciegan mi vista.

«¿A dónde me llevan?»

Temo por mi vida. El túnel se hace cada vez más oscuro, el olor a azufre es insoportable, los gritos se escuchan, gritos y gemidos al mismo tiempo.

«Fui tu amante, ahora lo seré por siempre.»

Se escucha una voz, y otra, y voces femeninas, y masculinas, y frases de lujuria, y más gritos.

«¿A   dónde   me   llevan?»

Asustado, vuelvo y respondo.

«Al único cielo que conoces.»

Intento zafarme, pero me llevan con fuerza hacia adelante, las sombras entran al vacío del inframundo, y despierto sudando las alucinaciones, gritando en voz alta y desesperado.

—Perdóname, señor, si alguna vez he pecado.

Devuélveme la templanza, no soy un hombre creyente; de hecho no me interesa si un grupo llamados los enviados de dios, el dios que es diferente en cada religión pero que por coincidencia conserva el mismo diablo, ese para mí no es el culpable, no ha venido él a decirnos qué hacer, pero sí envió un libro con instrucciones y mandatos, reglas y proverbios; al parecer teme que le vean porque la fe es el juego que le divierte, hagan lo que yo diga aun sin tener pruebas de mi existencia; bastante inteligente de no dejarse ver, sería un caos, todo el mundo suplicando por dinero y salud. A lo que me refiero es que esos enviados por él, los que deciden qué está bien o mal, los que guían las mentes débiles y corrompen a niños y adultos a su antojo, con la palabra de dios, pero con un mensaje oculto para beneficiarse de los débiles, de los pobres que buscan franquicias en el cielo, de los ricos que buscan enriquecerse aún más, de un pecado perdonado con un Te Salve María, esos son los que carcomen la estabilidad en el mundo. Ahora temo que Margaret, deshojada y débil, busque refugio en el techo que desliza las almas al verdadero infierno, la ignorancia y el desarraigo de la realidad.

Margaret me presenta una casa, con una cruz encima. Pequeña, con jardín y huertos, pintada de caoba y de lo más lejana a lo que yo esperaba. Queda en las afueras del pueblo, entrando por un camino estrecho y enlodado, hasta seguir caminando, porque esta madrugada ha llorado el cielo y ahora sus lágrimas resucitan las raíces, por aquí, he entrado donde el viento es más fresco y la luz es tibia.

—Buenos días, Padre. —Dice Margaret conteniendo una risa explosiva.

—Margaret querida, mi niña. —Dice él, abrazándola sin ninguna restricción.

—Él es un caminante, o eso dice. Quise que me acompañara porque al igual que yo, creo que está perdido.

El señor de unos cincuenta años, me mira inclinándose, se pone muy serio y me pregunta: «¿Sin nombre, verdad?» —Lo prefiero. —Digo, firmemente.

—Lo respeto, el mío es Sebastián. Sirvo a la gente, a Dios y al diablo. A nadie le niego mi ayuda.

Nos lleva a una cocina con una gran mesa, Jesús de seguro estuvo aquí. Nos invita a un delicioso desayuno, jamás había probado unos tomates bañados en sencillez y sabor. Observo a la señora, me pregunto si es que ahora se pueden casar los padres. No, de seguro, solo es una que sirve de ayuda. Busco fallos, pero no encuentro ninguno, todo parece indicar que es un hombre honesto. Y ese es el punto al que quiero llegar. Un hombre perfecto que enseña a vivir a otros en perfección, es una falacia, una mentira bonita, quiero preguntarle sobre su vida, qué hizo antes de estar aquí, si realmente nunca cometió

ningún pecado. Margaret habla y habla, y las preguntas se amontonan sobre mis costillas, al
punto de clavarme y hacerme escupir de un solo tiro

—¿Alguna vez pecó usted?

El Padre Sebastián me mira indignado, le he sorprendido con esa pregunta, interrumpiendo su plática con Margaret. Cambia su semblante, mira a Margaret y responde mirando fijamente a sus ojos, con un semblante paternal.

—El pecado no es más que un mal a uno mismo, el mal es el daño que se le hace a otro, he sido un hombre reservado, he actuado por buenos criterios, he pecado, he hecho mal y esto es lo que me ha dado sensibilidad y sabiduría para poder ayudar a otros. Hay males necesarios, que proyectan el milagro de la vida.

Margaret empieza a llorar, él seca sus lágrimas; no trae ningún trapo eclesiástico, es muy extraño. Va vestido con una camisa blanca y unos pantalones negros, su barba es blanca y su cara ancha, tiene una semejanza a Hemingway. Al cabo de media hora, en la que la sospecha y extrañes hacer de mí un títere de porcelana, la señora, la doméstica y silenciosa señora, con delantal de flores y zapatos de caminata, avisa que es hora de salir a buscar a los niños.

—¿Qué niños? —Ve, conduce hasta Frilles y tráelos, muero por verlos.

—¿Ya estarán todos reunidos? —Dice el Padre preparándose para salir.

—Sabe usted que ellos no nos hacen esperar nunca. —Responde Margaret, dirigiéndose a él y arreglando el cuello de su abrigo.

El Padre ríe cálidamente, se despide y Margaret empieza a limpiar unas sillitas al otro lado de la casa. Hay un pizarrón, y formas geométricas tiradas por todos lados. Fácil imaginar que se trata de una escuelita.

Me mantengo en silencio, tratando de no pensar en las pinturas que había dibujado de niño. Aquellas grandes casas con jardín, y pájaros encima del techo. En la ventana siempre un niño y una dama. Hermosa mujer de cabellera larga. Las imágenes salen de mi bolsillo, intento ventilar nuevas imágenes. Margaret parece muy entusiasmada; yo, perdido por el cambio de personalidad, permanezco inmóvil observando cómo prepara con amor aquel pequeño salón… Al terminar, va a la cocina y se percata de que todo está preparado; prueba el guiso, el pan, llena de agua los jarrones, cuenta una y otra vez los vasos, los tenedores, las cucharas. Servilletas que hemos traído de la casa, así como unas canastas de frutas. Todo esto es muy extraño para mí, muy diferente y anormal, no concuerda con lo que sé de ella, con lo que ahora es. Llegan los niños, pequeños de cuatro a ocho años, en perfecto estado, saludables pero de aspecto escuálido. Sus ropas están sucias, y sus manos ásperas y oscuras. Están felices, están jugueteando, y van dando saltos a la pequeña sala detrás de la casa. Toman asiento, parece que cada uno sabe la silla que le corresponde, toman sus mascotas y lápices y mi querida y hermosa mujer empieza la más maternal y cálida clase. Ellos no se detienen ni un segundo a observar las moscas que pasan, la observan concentrados, afinan sus oídos, su vista en el pizarrón, no hubo ninguna reacción cuando se escuchó un trasto caer de la cocina. Al cabo de una hora se termina la clase, el Padre Sebastián culmina con una oración pidiendo por el amor, la paz y la sabiduría. Los niños, al salir del salón, parecen muy inquietos, corren como animales hacia el acogedor comedor, son alrededor de unos doce, que gritan y juguetean como si fuesen cien. La señora va por cada una de sus plazas, y les sirve sus alimentos. Margaret les observa sonriendo, orgullosa y feliz. Luego pide a cada uno quitarse las vestimentas que traen y ponerse las limpias que les ha traído. Julie, la niña de pelo oscuro y ojos grandes, es la más apegada a ella. Parece tener una conexión cósmica, hasta tienen la misma sonrisa.

—¿Cómo te está tratando tu tío? —Le pregunta Margaret angustiada.

—Bien, creo que está tomando menos, o por lo menos ya no le veo tanto como antes. Me deja con Carlota, la esposa del dueño del bar.

—¿Te trata bien?

—Me da de comer si hago sus mandados.

Margaret la abraza, sirve un postre de chocolate y, mientras la niña sonriente y alegre lo disfruta, ella peina sus pelos, haciendo un moño alto y juguetón.

El tiempo toma sus decisiones, pasa más rápido dejando ansiedades y tristezas. ¡Qué cruel suele ser a veces! He visto tantos ojos llenos de historias, ojitos tristes llenándose de instantes y recuerdos, he visto el mensaje oculto detrás de sus sonrisas, he visto al niño huir de la realidad misteriosa que se le ha heredado. Llegada esta hora, las cinco, la mano abierta de la tarde, siento cómo se constriñe al avisar el Padre Sebastián que ya es hora de irse.

—Despídanse niños.

Pasan a abrazarnos, agradeciendo, y yo siento la necesidad de pedir perdón por no haber hecho nada por ellos. ¿Quién es capaz de ignorar el llanto del niño? ¿Quién logra no hacerse responsable de sus penas? Miramos, nos apenamos pero no pasa el brazo de la línea segura de mi «no es mi problema». Duele, duele verles marchar hacia una generación perdida. ¿Qué será de ellos, sin guías y rodeados de perversos?

—¿Estás bien? ——Pregunta Margaret, presenciando mi angustia.

—Lo estoy.

Se dirige hacia la puerta, despidiéndose antes de la señora. Le sigo en silencio, arrancamos perturbados, y con certeza le veo correr por el camino, con sus trenzas tricolores y su vestido rosa, agarrada al viento, abrazada a la tierra, respirando inocencia y cultivando esperanza.

—¿Tuviste momentos felices en tu niñez? —Le pregunto sin mirarla y preso del camino.

—Pude corretear junto a una mariposa y conversar con amigos imaginarios, si a eso te refieres. ¿Y tú?

—Yo no recuerdo nada.

12

—**H**ola amor. —Dice Emilio al llegar a casa, con un tono sabrosón y seductor.

Sin embargo, Margaret sube a su habitación y yo quedo entre la mirada preocupante del ignorado.

—¿Sabes qué le pasa?

Niego con la cabeza y me sirvo un trago. Salgo a la galería, las hojas secas hacen ronda sobre los árboles, el vodka me relaja, pienso en el día que tuve, en los niños que desfallecen y desvanecen, pienso en la vida, en el valor de ésta.

L'enfern est ici.

No hay capítulos, ni un guion recurrente, no hay un modo de saber qué pasará ahora, qué saldrá de mí, y solo pienso en el ahora, en la estrecha relación de la tarde con la noche, en los pasos agitados de las palabras que nunca cesan de buscarla, a cualquier hora; en todo momento estoy preso y así deseo estarlo porque además de este sentimiento en mí, ya nada queda, nada vive, ni arde, ni muerde, ni resucita si no es por ella, una alegría amenazante. Amenaza su dulzura con sentenciarme de por vida a su lado, o lejos también de su lado. Poco queda de mí, una tarde como esta es un nuevo concepto sobre la apariencia y sus efectos, la vi desprenderse de sus alhajas y fisuras, solo quedaba ella envuelta en flores y sonrisas, acariciante se sentía su voz, no perdería la oportunidad de ayudarles, así dijo, así hizo, y yo que tantas veces la juzgué a morir por ese carácter agridulce.

—¿A dónde va?

—A la biblioteca, necesito entretener la mente con alguna lectura.

—Iré con usted. — Dice Lucie, encantadora.

El olor a libros por los pasillos anchos y simétricos, son el elixir que necesitaba. Cuántas obras arrugadas y dobladas y aún así danzan en una ceremonia, en un lugar dentro de la más reciente imaginación. Tomo un libro y desprendo con una bocanada de aire el polvo adictivo de los ojos rojos y la nariz mocosa. Abro la primera página y, para mi sorpresa, veo que tiene una dedicatoria con letras rojas y tristes, como si la sangre hubiese sido derramada y tomada para marcar un gran dolor:

Hijo, estuviste en la mañana, y la noche te llevó con nostalgia hacia esas aguas tenebrosas, descansa en paz, ahora creo en la vida después de la muerte, y allí nos reencontraremos.

Richard Sumé.

—¿Te pasa algo? —Pregunta Lucie un poco preocupada por la cara desconcertante que he puesto.

—¿Sabes si Dina tenía un hermano?

—No, que yo sepa.

Me quedo mirando las letras, el dolor que las embarga, conozco el grito del duelo, es el mismo de siempre, tapa los tímpanos con su cera gastada. ¿A quién está dirigida? No menciona el nombre, pero hace referencia a su hijo. Le preguntaré a Margaret la próxima vez que la vea. Mientras, leeré otra novela sobre pérdidas y desdichas.

—Caminante.

—Sí.

—¿Por qué te gusta leer?

—Escapo de la realidad, evito pensamientos suicidas, vivo aventuras que jamás en vida podré y, sobre todo, amo como ama el personaje, sufro como él y hasta llego a sonreír como él. —Respondo atontando mi rostro.

—En casa nadie leía, solía venir aquí, pero Margaret me despreciaba, siempre hubo ese odio hacia mí y no sé por qué. Sin embargo, Dina es muy simpática, siempre me ha ayudado con todo lo que necesito, dice que soy de la familia, ¡ja! —Dice Lucie como niña extraviada.

—Entiendo, pero estás leyendo en este momento, o eso pretendes con ese libro en la mano. A ver, déjame ver el título… ¡Oh! *El Comediante en el tejado*, ha de ser interesante. —Le digo en tono relajado.

—Le traeré un trago de vodka y aprovecho para tomar uno también.

—Sí, gracias, necesito esfumarme.

Regresando el libro a la estantería, me refiero al libro con la dedicatoria triste y de duelo, cae sobre el suelo una fotografía, detrás un nombre: *"René Sumé"1965*. Descripción más precisa de la felicidad no he visto: Un niño de unos diez años, opacando el sol con su sonrisa, sus ojos parecen que quieren salir, su mejilla va a explotar, saborea la vida con un bombón, el jardín es el edén, si no es aún más envidiable. Ahora mis preguntas, necesito respuestas. ¿René Sumé? No me caben dudas, no hay dudas, es su hermano, qué extraño que jamás me habían hablado sobre él. Bueno, dejaré su fotografía en donde la encontré, e iré por su Lucie, ha sido suficiente por hoy de descubrimientos. Necesito ahogar mis penas.

Allí viene Lucie con los tragos.

—¿Qué ha pasado? ¿No leeremos más por hoy? —Pregunta desilusionada.

—No te preocupes, mañana seguimos. —Le respondo, tomando mi vaso de vodka como si estuviera sediento. Lucie me mira airosa, casi feliz de que pierda la cabeza por unos tragos, algo está tramando, ya sé. Lucie no sabe que la he visto junto al joven Dilon cerca del arroyo. Tienen un apasionado amorío o lo que sea que significa verse a escondidas para sus encuentros de tú me das y yo te doy. Seguro necesita algún consejo y por eso es tan amable; en fin, sé que necesita un aliado y yo ya estoy aburrido de ser neutral ante todo. Comparto así junto a ella, junto a su ardiente pecho, derrumbando los senos por las colinas que, vistas desde el ombligo, son amortiguadores seductores y capaces, capaces de retozar sin caer, de sudar éxtasis, dulce néctar es vislumbrarla desnuda, en este momento puedo perder la copa junto a sus sostenes.

Una libélula gigante se posa frente a mí, toma asiento cruzando las piernas, se ríe, me mira fijamente, me analiza o eso dice. Sé que sabes que eres un cerdo, eso y tu vacía vida. Vives buscándote, sabiendo que tú eres el presente, no exististe antes de aquel día, no existirás mañana, eres el hoy, el ahora, el cerdo seducido por el vodka y grandes y seductores labios carnosos, arriésgate, ve a la habitación, deja de escucharla, solo desnúdala. Vamos, tómala de la mano, sabes que eso desea, déjate escapar, salta o te llevo, sabes que esto eres.

¿Cuántos tragos he tomado? Siento solo la existencia de un extraño sentimiento, como si mi cuerpo estuviese adormecido, y fuera maniobrado por alguien más, y yo, en el fondo, oculto y observado, puedo verme subir junto a Lucie a mi habitación, cerrando las puertas, levantando las sábanas y tirándolas al piso, encerrando su cuerpo en mi corpulento deseo, se abre la flor y rocío con ardiente pasión su madrugada. Por reglas de novelas y escritores me he quedado dormido, ¡ah!, el vodka y sus estragos. ¡Lucie! No estoy para arrepentimientos, reconozco mi fallo, sé que no tendré una disculpa apropiada. Mientras, con el sexo frío en mis piernas, con la boca reseca y apoyado sobre la última calada de un cigarrillo, escucho su voz que me llama, y revive, y comprendo que la hombría se mide por cuán capaz seas de hacer gozar al máximo al momento mismo, y su cuerpo sin fin ni comienzo es un laberinto de gemidos y besos.

—Buenos días, Caminante.

—Baja, ya iré a desayunar.

Me da un beso en la boca y solo pienso en Margaret. Si la ve, si me ve, si lo sabe, no habrá lugar en la tierra donde pueda ocultarme y Lucie la pobre y sexi mujer pagaría las consecuencias, así que debo alejarme de ella, por su bien y el mío. No creo que sea difícil ignorar su hermosa y lacia cabellera negra, así como su voz femenina. ¡Margaret! No la he visto desde ayer, me ducharé y bajaré a ver en qué está el amor real y necesario de mi vida.

Ahí está mi tormento en el que se recrea mi mirada y hace que mi conquista valga la gloria. Azucena, Margarita o Lucero, en ti todo es diferente, verdadero y puro, tu esencia se desprende de tu piel y a mi paladar llega a parar, eres un impulso hacia una mejor vida.

—Caminante, ¿Ha dormido bien? —Pregunta Margaret observando mi alivianado cuerpo.

—Sí, muy bien. —Responde Lucie, sonriente.

Margaret la observa misteriosa; yo, solo estoy interesado en el interés de mi amada por saber cómo he dormido. Al apartarme de la mesa, Margaret me sigue, y pide que le acompañe de nuevo a la casa del Padre Sebastián. No es que sea lo que deseo hacer en este día, pero pasar tiempo junto a ella es casi un premio logrado. —Claro. —Le respondo. Y subo por un abrigo y los cigarrillos.

—¡Padre! —Dice Margaret, abalanzándose hacia su pecho.

—¡Hija! —Responde él un poco preocupado.

—Estoy confundida, temo ya no saber qué es lo que quiero, pero más temo saber lo que ahora siento que amo.

La miro, me mira, y salgo al huerto, pensando en sus palabras y casi sin aire; comprendo que Margaret tal vez, y casi seguro, se refiere a mí, a su amor por este mendigo. A mi lado, la señora interrumpiendo mi felicidad.

—Margaret quiere todo para ella, es una egoísta y está un poco loca.

—¿Por qué habla así de ella? —Pregunto, anonadado.

—Viene casi todos los días, y al marcharse deja un vacío en el corazón de mi esposo.

—¿Esposo? —Pregunto.

—Sí, ¿qué pensaba usted que era? ¿La sirvienta, solo porque llevo delantal y zapatos deportivos?

—Se pueden casar los padres, vaya, eso no lo sabía.

—Sabe usted muy poco para la cara de filósofo errante que tiene. —¿Cómo sabe que soy un vagabundo?

—Margaret se la pasa hablando de usted, en eso debe estar en este momento. ¿Qué le ha hecho a la muchacha arrogante que la tiene tan sensible? —Dice ella, arrebatando mi cigarrillo de la mano y llevándoselo a la boca como una Madame con una buena racha.

—¡Margaret me ama!...

13

—¡Caminante! —Se escucha una voz al regresar a la casa, en donde Emilio espera a Margaret. Pero la voz no proviene de él, sino de Lucie. Sale de no sé dónde y me cierra el paso. Empieza a hablar rápidamente, es una emboscada revoltosa, mi cabeza solo puede pensar en mi amada, en mi doncella, ¡ay, cómo la amo! Trato de esquivar a Lucie, asintiendo con la cabeza y subiendo rápidamente las escaleras hacia mi habitación, necesito procesar la noticia, pellizcarme, orinar sin dejar caer una gota fuera, así de preciso, necesito tumbarme en la cama y saber qué sigue ahora. Al fin pienso en un futuro, amarla eternamente, dedicarme a llevarla al níveo ras del cielo, y en un instante cumplir con llenarla de felicidad, o lo que sea que ella desee. Debo organizar mi vida, olvidarme del camino, de lo incierto, hacer un plan de vida, una vida del plan y ejercer mi rol, amador amado, poeta cargado de letras y emociones, todo lo que necesito es cambiar, cesar los vicios, y guiar a mi doncella, sé que viviremos felices, en un lugar más luminoso, en nuestro techo de estrellas y lunas, y que afuera jueguen los descendientes de mis noches con ella, fruto del amor, que sea fértil su vientre y su corazón se llene de alegría.

Alguien toca la puerta, pregunto quién es y me saluda Dina desde el otro extremo. La dejo pasar y parece que algo anda mal, está su cabeza girando contra el techo, se sienta un momento y me pregunta:

—¿Has tenido la dicha de ser desdichado amando a un amor prohibido?

Intenta pararse, y se desvanece entre mis brazos. La recuesto en la cama, haciendo lo necesario para que vuelva en sí.

—Tengo náuseas, me siento mareada. No sé qué me está pasando últimamente. —Dice, volviendo en sí y arrastrando la lengua.

—Iré por un vaso de agua, quédese aquí.

—¡Caminante! ¿Ha visto a mi hermana? —Pregunta Margaret mientras voy de regreso subiendo las escaleras.

—Está en mi recámara. Se ha desmayado.

—¡Oh, ya veo! ¡Qué suerte la de usted! —Dice volteándose para irse.

—Lo digo en serio, venga, creo que debe ir al hospital a ver qué pasa.

Subimos rápidamente y Dina sigue aún en la cama. Le doy su vaso de agua y Margaret empieza con sus largas charlas de hermana protectora aún siendo más joven. Sí, sí, responde Dina a todo y se levanta de la cama junto a Giancarlos quien ha venido a ayudarla a marcharse a su cama.

Margaret y yo nos miramos, nos sentamos uno al lado de otro a orillas de la cama, dejando que el silencio devore mis ansias por abrazarla o simplemente tocar su mano. Quiero mirarla a los ojos, y descansar en su presencia, hundirme en su camino azul que son sus ojos, ojos magos y míos, ¡y están tan lejos, tan lejos de mi voluntad de abrirle las pupilas con el más sincero amor extasiado!

—Voy a ver a mi hermana. —Dice ella.

Debo aprovechar el momento, debo saber qué está pasando en su cabeza. La retengo tomándola del brazo y cierro la puerta.

—Margaret, ¿me ama usted? —Digo, dejando caer las rocas de mi muralla, sincerando mi voz, abriendo los ojos y temiendo una respuesta desgarradora.

Margaret niega con la cabeza y se marcha.

¡Qué importa ya si vuelves con ese beso que fue mío ! Había escrito eso hace tiempo, lo acabo de recordar… ¡Qué importa ya si vuelves con ese beso vencido! Es tiempo de olvidarla, o por lo menos dejarla ir, esta carga me hace daño, duele saberla ajena a mis sentimientos, yo nada tengo que ofrecerle, ella tal vez teme, y quién no ¿quién soy yo? Un vagabundo, tomaré mis cosas y me iré.

14

Las estaciones pasan junto al tren, ya es primavera y por vez primera estoy pensando en descansar. Regreso nuevamente a Roles, pues nunca me marché, solo esperé a la entrada del pueblo, pidiéndole a la limosna del viento que acompañe mi débil aliento, así vivo, en los andares y pesares de la vida, descomponiendo el tiempo, y pensando en ella. Voy de regreso, y junto a mí todos los recuerdos, los días malos y los buenos, en los buenos besaba sus labios y en los malos soltaba su mano, aunque fuera solo un sueño en mi alma lo sentía, lo viví y sufrí tal cual, a duras penas puedo caminar, estoy deshecho sin ella, necesito olvidarla y mírame, de regreso al mismo pueblo en donde me dijo que no, que no me amaba y yo que por ella la vida daba. La doy junto a mis cansados pasos, espero poder seguir caminando pues ya siento que no me quedan fuerzas para seguir.

—¡Caminante! —Dice una voz conocida.

—¡Padre, ayúdeme! —Digo, sucumbiendo al delirio y a la deshidratación de mi cuerpo.

—¿Pero, qué le ha pasado? ¡Está usted irreconocible, dónde estaba, vamos, vamos!

¿Dónde está Margaret? ¿Por qué fingió amarme?...

El padre Sebastián me ayuda a entrar a su casa, me deja en la mesa y sale disparado a buscar a su esposa. La llama, se secretean y se marchan los dos en vías contrarias.

—Coma esto. —Me dice.

—Beba esto.— Me dice.

—Póngase esto. —Me dice.

Me dice una voz que ya es de mañana, que tome una sopa caliente. Bendecida es esa voz, porque necesito recuperar mis fuerzas. Sigo durmiendo, o medio dormido, solo pensando en qué debo hacer, ya no puedo vagar, tampoco puedo parar mi corazón, qué debo hacer, hasta cuando seré infeliz; antes de ella yo solo respiraba, y ahora no sé si eso es peor, porque ahora me cuesta respirar cuando la veo, cuando la pienso, cuando la sueño. Esta novelita barata se hace cada vez más complicada, debo levantarme. Sebastián me espera, lo sé por su mirada preocupada y tímida, está sumido entre sus pensamientos, qué me irá a decir...

—Toma asiento. —Le obedezco, sintiendo un cosquilleo por todo el cuerpo, tal cual un padre va a empezar a sermonearte.

—Hijo. —Empieza a decir.

Yo solo bajo la cabeza asustado porque sé qué dirá.

—Sabes que no puedo decir nada que haga que valga la pena, que valga un cambio en ti; quién soy yo para juzgarte, para decirte qué está bien o mal, tal vez estoy peor, tal vez tú debas caminar para encontrarte exactamente donde quieres. Puedo ver tanto dolor en ti, tanta angustia y duelo, no sé qué te ha pasado, no sé qué vendrá después de hoy, si seré juzgado no temo porque bien he obrado; tú, hijo mío, trata de vivir sin miedo al fin, ten en cuenta tus pecados, y recuerda que en el Cielo habita el Altísimo, búscalo cuando lo necesites y verás que no serás defraudado.

Trato de entenderle, pero no puedo, solo son palabras.... Me ha pedido igualmente que me quede unos días, casi a ruegos no pude evitar rechazarlo. No es un lugar bonito, más bien es rústico, oscuro, cálido. Enormes calderos en la cocina, una mesa larga con muchas sillas, el techo fue arañado por un espíritu, y parece que siempre va a llover por este lado, el sol casi se acerca, según dijo Aniel, el hermano atlético y carismático del Padre Sebastián.

Yo alucino con las diferencias entre ambos, jamás podría imaginar que por sus venas corre la misma sangre. El carisma de Aniel se debe sobre todo a su aspecto, porque se compara con el sol y las estrellas, y usa tanto gel en su pelo rubio cobrizo que desvía los rayos de luz. Me agrada, hemos tenido largas charlas en la que yo solo escucho sus aventuras; según él, sabe más de mujeres que el mismo Dios que las creó. Y pues aunque me siento reacio, y a veces parece torpe y raro, las escucho por diversión y para no morir de aburrimiento. No es que me haya quedado sin hacer nada, es que lo he hecho todo, no queda nada por arreglar, el techo brilla, el huerto respira, el piso es frío, la cocina es tibia, todo está como debe estar, he puesto mis manos a disposición, agradezco tanto al Padre Sebastián por la paz que me ha dado al no presentar quién soy ni de dónde vengo. Es como si por fin aceptase mi pasado, o le dejara ir. Sin embargo, esos días en los que aparece ella, contándole al Padre Sebastián que está triste, que es infeliz junto a Emilio, que extraña a un tal caminante, que fue el único que la entendía, y yo quedo detrás de la puerta que hace de puente hacia sus palabras, escuchando detrás, siempre a escondidas y con cautela, sus palabras benditas. No le creo nada, pero aseguro en mi corazón que todo eso es verdad; cuando dice amarme sin amarme yo le creo; cuando dice soñarme sin haber cerrado los ojos yo le creo, le creo la arrogancia para bien, le creo la mentira que me sostiene suspendido por el aire. Detrás de la puerta que ya me conoce, he llorado sin lágrimas, he respondido en silencio sus preguntas, detrás de la puerta me encuentro yo, esperando el momento para salir a su encuentro; pero temo, porque lo que siento no es cariño, es amor sincero, es algo más fuerte que yo, quisiera que entendiera ella, que si me amara como dice yo ya lo sabría, porque no se puede disimular el latido del corazón que me sale por la boca gritando su nombre.

Aniel ha venido a buscarme, quiere que salga con él al bar Lagarite. Nunca he estado por ahí, pero me ha convencido, me ha convencido sobre todo que me va a presentar con quién he de trabajar en unas susodichas casas en reparaciones; he aprendido mucho, ya no hay nada que pueda hacer, y siendo honesto necesito ganarme la vida de alguna forma, el Padre Sebastián está cansado y este agradecimiento se lo quiero entregar con hechos. Y aquí estamos, hacía tanto tiempo que no tomaba, que ya del primer trago estoy tambaleando. Extrañaba el vodka, el Padre Sebastián solo servía vino de cuanto en cuando acompañado de oraciones santas, ¡ay!, también extraño su compañía, es realmente un hombre de bien.

—¡Lucie!

—Caminante. —Dice, divagando.

Nos miramos y sonreímos, siento un alivio tan grande de verla, como si temiera que algo malo le hubiera pasado. Está hermosa, como siempre, un poco más discreta, viste con elegancia.

Empezamos a hablar y me cuenta que es hermana de Margaret.

—¿Hermana de Margaret? —Le pregunto, anonadado.

—Sí, ahora todo tiene sentido, es por lo que mi madre siempre me llevaba a casa de los Sumé. El padre de Dina y Margaret tuvo una aventura de muchos años con mi madre, más bien fue un amorío, siempre estuvieron enamorados, desde la escuela, eso todos lo sabían, lo que pasó es que mi madre tuvo que marcharse por asuntos familiares a la otra región; al regresar estaba casado, y venía un niño en camino.

—Pero eso no quitó que continuaran con el romance. —Interrumpo percatándome de mi mal ímpetu.

—Así es. —Responde ella, y finaliza con una frase torpe.

—Por eso estoy aquí.

Nos quedamos esperando que uno hable primero, pero no pasó, solo levantábamos la mano para pedir otro trago. Por suerte o desgracia aparece Aniel con el fulano que iba a darme trabajo. Empezamos a hablar y quedamos en que iniciaría en una semana, martillazos y jardinería. Lucie pone una cara de sorpresa y me llama pidiendo disculpas a otra mesa de bar.

—¿Qué pasa? —Le pregunto, sin entender absolutamente nada.

—No puedes trabajar en eso, te conozco bastante.

Oh no, no quiero que me analicen, porqué ese interés en saber quién soy o qué quiero hacer.

—Debo irme. —Me despido mientras ella extrañamente cambia de semblante, se ve triste…. Siento tanto no poder contenerme al recordar el pasado. Lucie sale a mi encuentro en la salida del bar y me suplica por mi dirección. No sé qué siento con todo esto, siento algo de pena, de querencia…. Se ve tan frágil a veces, así que, aunque con dudas, le digo:

—Donde el Padre Sebastián.

—Eso es café. —Dice el Padre Sebastian, —te has dado una…, y se ríe a carcajadas.

Sé que debo esconderme, Margaret no tardará en llegar.

Qué rápido pasa el tiempo, desde aquí la veo despedirse del Padre Sebastián, se marcha junto a los niños, y deja uno aquí al desamparo.

Tocan la puerta, y lo que veo y escucho me deja sin aliento.

—Caminante, salga de ahí. —Dice Margaret, que viene acompañada de Lucie.

—Así que ha estado todo este tiempo. Padre, cómo pudo hacerme esto. Y tú Lucie, ¿qué venías a hacer aquí? ¿Te crees con derecho de tener todo lo mío?

—¡Basta! —Dice el Padre Sebastián levantando la voz tan alto que a tres cuadras se pudo haber escuchado.

Todos hacemos silencio, Margaret mantiene la mirada en el piso. Está tan enojada como desconcertada. Yo salgo por la puerta de atrás, no sin antes intentar dialogar con Margaret, quien ha dejado muy en claro su odio. Estoy harto de su malcriadeza, de sus berrinches. Quiere que esté a su disposición, quiere que la siga amando hasta el fin sin haber tan siquiera hecho un esfuerzo por comenzar lo nuestro. Pero no hay nada, ahora lo comprendo, solo estoy yo, enamorado y suyo, perdiendo las riendas de mi vida, si es que es esto vida; al fin y al cabo solo somos espejismos, leña que se gasta, que se arruga, que se vuelve cenizas. Llevo horas caminando, o eso parece. Lo único que sé es que algo debe cambiar, he estado peregrinando en busca de algo que aún no sé. Las estaciones han pasado o tal vez sigo en aquel caluroso sol de abril, en aquel río, en sus ojos cristalinos. Y vuelvo otra vez, caigo rendido a su nombre, amada mía, cómo puedo ser tan frío y a la vez consumirme, derretirme. De regreso donde el Padre Sebastián pienso en todo lo que podría decirle a Margaret. En aclarar este asunto, tal vez tenga otra respuesta, tal vez no fue el momento o simplemente esté asustada. Siento que me estoy volviendo loco y no me canso de repetir lo feliz que me sentía antes de conocerla y solo vagar por ahí, sin ningún sentir, sin pensar, sin saber el sabor de una sonrisa como la de ella.

Llego a casa y veo a Lucie aún allí; seria y con una voz irreconocible le dice al Padre Sebastián de dejarnos solos. El Padre se marcha tomando a su esposa por el hombro, y abrazándola junto a sus sienes pegadas una con la otra.

—No debes importarme, pero me carcome la distancia y la incertidumbre de no saberte bien o mal. Me importas, no como un hombre que tendrá su sexo en el mío, sino como un amigo que puede vivir, reír y ser amado. Déjame ayudarte.

—No necesito tu ayuda. —Le respondo francamente.

Toma su bolso y camina hacia la puerta, algo dentro de mí se rompe, se constriñe...

—¡Espera! —Le digo.

—¿Qué quieres de mí? —Le pregunto.

Ella se vuelve nieve, luego hierven sus lágrimas y cálidamente dice:

—De ti no quiero nada, pero de ese amor que me mostraste aquella noche tal vez quiera un poco para poder devolvértelo y seas feliz.

—No te amo.

—No sabes lo que es eso. solo estás obsesionado, como todos has caído, así es ella, le gusta jugar.

—Tal vez no sea mi caso.—Le respondo.

Lucie se pone de pie, me mira como despidiéndose por siempre y no me queda más que retenerla. La miro por primera vez directamente a los ojos, dentro, en esa oscuridad hay luz, hay amor, es una mujer tierna y dulce, cómo no pude verlo, bastó un segundo para entender que Lucie siente algo de lo que yo siento por Margaret.

—¿Qué quieres Lucie?

—Quiero verte sonreír.

—¿Por qué?

—Porque también fui como tú.

Está bien, le pregunto, qué quiere nuevamente, me dice que todos me extrañan en la casa, que regrese, que lo piense, que me necesitan..., que ama a sus hermanas desde antes de saber la verdad y que quiere protegerlas de la locura que las invaden. Me cuenta que Emilio está obrando mal, que no es quien creo que es, esto me pone a pensar en qué podría ser eso que mi amigo haría de mal. De piel oscura es, robusto a los ojos de muchas, inestable emocional, perfecto seductor sin piedad, pero de ahí a hacerle daño a alguien, no lo creo. Sigo escuchando a Lucie, ha logrado convencerme. Le sugiero que me dé unos días, y se tumba sobre mi pecho como una niña emocionada.

Me despido con un beso en la mejilla y ella me responde con un cálido abrazo. El Padre Sebastián viene como si estuviese acechando, y ya sabía que ella se había marchado.

—Dime hijo, ¿qué es lo qué pasa?

—Debo regresar a la casa de los Sumé.

—¿Crees que es buena idea regresar al tormento?

—Sí, debo enfrentarlo, superarlo, o me matará.

Vamos a tomar un café a la cocina, hablando de temas triviales y me doy cuenta de que tengo un amigo, un gran amigo, ya es algo en mi vida; siento una melancolía, una alegría, un calor por los poros, agradezco, y creo que el Padre Sebastián tuvo una conexión igual de fuerte porque hace silencio un minuto y me dice que jamás había tenido un amigo, a alguien que no le importara las largas charlas de baratas y caras persignaciones. Recuerdo una canción, caminante no hay camino, se hace el camino al andar..., tantas veces que luché contra las siniestras ganas de ser un hombre normal, dejar de andar vagando y ajustarme a la sociedad y sus normas, a la misma publicidad pícara y embustera, a las mentiras básicas del ser humano actual, todo controlado por anuncios, por bellas ensoñaciones desoladoras..., caminante no hay camino, el camino te hace al andar.

Cuánta confusión la de mis lectores, arriba, abajo, en el centro, fuera, yo solo soy un desdichado contándose así mismo una historia con un final que aún no sé. Pero aquí voy, camino a la casa de los Sumé, en donde he sido destrozado, y las migajas he recogido. Margaret, desde aquí puedo verte en la ventana, tu hermosa silueta que baila frente al espejo me deja hipnótico, embriagado nuevamente por tu majestuosa presencia, aparto la mirada para que no haya un colapso entre el tiempo y tu figura, fiel a tu belleza eres diosa de las diosas.

Me cuesta creer en lo cercana que ha estado siempre de mí, y lo nublado y apartado que está su cielo del mío.

—Buenas tardes Caminante. —Dicen todos, haciendo pausa para tunearse y darme un abrazo. Intento protegerme de una enfermedad contagiosa llamada Amor. ¡Pero, qué va! Los abrazo a todos dejándome llevar por la emoción real de volver a verles. Poco a poco me voy dando cuenta de que aquella casa no era solo la casa de Margaret, ni de Dina, mucho menos de Lucie; aquella casa, otorgaba sustento a personas fueras de los límites avariciosos y polígamos, que se dejaban entrever sobre las travesuras que atravesaban los balcones y las salas. Giancarlos sigue mi rastro hasta llegar a mi habitación, en donde yo mismo me dedicaba a colocar mis pertenencias, o mejor dicho la única mochila deshilachada, gastada y verdosa.

—Caminante, ¿puedo hablarle?

—Claro, ¿qué pasa?

Con su cara de preocupación, intenta articular unas palabras, pero se frena, no puede decir, y sale huyendo, chocando antes con la puerta entreabierta. No tengo ninguna idea de lo que está pasando. Así que bajo inmediatamente los escalones, contándoles, recordando los suspiros escapados de cada uno.

Lucie llega hacia mí con una copa, rechazo la copa, así que se va, arrastrando su largo vestido rojo, descotado, y entonces me giro un poco, y por el pasillo veo llegar a Margaret, siempre me he preguntado por qué a veces trotea y por qué a veces flota. Sus pasos ahora se escuchan en el aire, cerca del azul oscuro de la casi noche, nunca imaginé que su cuerpo tuviera esas curvas exuberantes, siempre a discreción ocultó cada una de sus partes. Pero hoy, qué día es hoy que todos visten con más glamur que nunca. Qué importa, que termine de llegar la culpable de los suspiros que en mí nacen y los alientos que en mí mueren.

15

Margaret siguió de largo sin ni siquiera saludarme. Pasó, mientras a mí llegó Lucie, con un trago de vodka que no pensé ni por un segundo rechazar.

—¿Estás acostumbrado a las telenovelas?—Dice Lucie.

—¿De qué hablas?

Pone una cara de idiota, se saborea los labios, me agarra de manos y lleva frente al bar de la casa en la sala... De pie, vigilando que Margaret está lejos, y ni uno de los sirvientes está, entonces me mira clavándome sus oscuros y grandes ojos.

—Aquí la casa está echa una mierda, literalmente. No quiero ni decirte, hay rumores de que Emilio está con otra mujer. Hay rumores de un embarazo de ésta, también hay rumores de que Margaret va a cancelar la boda.

—¿Boda? —Digo, anonadado.

—No sabes de la boda. Lo siento, sí, se van a casar.

—Pero no le comentó nada al Padre Sebastián.

—Todo aquí es un desastre, por eso quise que vinieras, eres el único que puede hacerse escuchar.

—Lucie, tienes una obsesión conmigo, dime ¿quién me escucha? ¿Quién soy?

—¡Ay, caminante! Aquí todos te quieren.

Observo a Margaret, pasa sus manos llenas de joyas brillantes sobre su otra mano, encima del dedo. Parece otra, diferente a la muchacha asustada que se muestra donde Sebastián. Luce arrogante, pero más arrogante que el agua sobre el Sahara. Fuma sin desesperación, y evita a toda costa mirarme. Me recuesto sobre el mostrador, sintiendo los latidos que me llevan hasta ella, su piel caliente a tal distancia me quema, siento el éxtasis de su pecho, cómo moja sus labios con cada trago, cómo recoloca sus caderas para nivelar el peso del cuerpo, la deseo. Su belleza, su fuerza, su realeza, sabe ella todo lo que posee y por eso me tortura, me castiga, me incita a la locura.

El amor duele, duele la indiferencia que éste crea, la distancia, el olvido sana. ¿Cómo olvidarla? Si tan solo pudiera dejar de pensarla, de adorarla, de extrañarla, si pudiera caminar por la misma calle sin perseguir su rastro, si tan solo la hipocresía se hiciera dueña de mí, y si pudiera fingir delante de ella que no me tiemblan las rodillas, que a mi pulso no acelera, y mi postura firme como árbol no doblará a verla.

—No quiero beber más. —Digo, mientras Lucie toma mi vaso y lo deja en una pequeña mesa al lado de la puerta de la galería.

—Quisiera que vieras el jardín, ha quedado de lo más hermoso.

—Iré mañana.

—¡Amigo! —Dice Emilio.

—Aquí estoy.

—Vamos a beber. Ven, tengo tanto que decirte, sé que no eres de hablar pero sí de escuchar, ¡afina tus oídos!

Luego de escucharle, de realmente escuchar las palabras más insignificantes y darles importancia para que se acomoden en algún sitio de mi cabeza y retomen un significado, luego de esto, pienso en si de verdad Emilio haría algún mal a alguien. Habla siempre de lo mismo, sus deseos de superación personal, de la dura infancia que tuvo, la crisis hiriente que lo mantuvo preso a él y su familia, la desdichada adolescencia en el que falló y a tiempo recuperó el control… No me caben dudas, Emilio jamás haría daño a otro, por lo menos no a los suyos.

Me uno a los tragos junto a Emilio, contemplando los cubos, acariciando con la punta del dedo su frialdad que quema el estómago una vez más, observo a Margaret, quien no ha decidido otra cosa más que tomar su tequila junto a su soledad, ni yo ni Emilio nos acercamos. Por un lado me invade la felicidad de saberlos peleados, distantes; por otro, me siento un traidor mientras Emilio con su brillante sonrisa me mira despreocupado.

—Tranquilo. —Me dice Emilio. —¿Quién no puede negarse a semejante mujer?

Lo miro haciendo una discreta aceptación, volteándome hacia la barra, y avergonzado, una vez más me siento más débil que Emilio.

Semejante mujer aquella que juega con su vaso, con sus labios, con el espejo en la pared y su pintalabios rojo. ¿Por qué está tan desdeñosa? Sí, así es mi Margaret, pero no la reconozco, tal vez nunca la conocí, aquel moño recogido y tan elegante la hacía ver seductora pero poco más una iceberg.

Largas horas de tragos, de charlas y miradas ofuscadas. Emilio se va a la cama, nos despedimos, saluda a Margaret desde lejos, ella lo ignora. Decido pasar a buscar a Lucie, quien hace ratos no veo y ahí llama Margaret por mí, me vuelvo, la miro sin mirarla, y escucho.

—¿Qué te ha dicho Emilio? Todo es una mentira en él, ni siquiera sé qué hace aquí, si no ha de ser por mi hermana, que no sé lo que trama, estuviera lejos de mi vida.

Sube la cabeza hasta llevarla al techo, baja un escalón de la voz y continúa.

—Estoy tan cansada de revelar misterios y ocultar verdades.

—Sabes algo que yo no, pero hasta no saberlo no puedo ayudarte.

—Aléjate de mi vista, eres igual o peor que Emilio. —Dice, casi gritando y saca unas de sus pastillas y se la lleva a la boca, se pone de pie y se va.

Decido ir al jardín, veo una silueta entre la claridad de la luna, una perfecta silueta pensante, una hermosa mujer que contempla la luna, sus suspiros y anhelos se escuchan como una melodía triste llena de esperanzas, de ruegos y deseos…, la brisa de la noche hace bailar las ramas de los árboles, el olor a rosas dormidas y mieles ambienta el escenario, a veces me pregunto por qué suenan esas canciones llenas de romances, por qué con ella nada es difícil y por qué se me hace tan complicado aceptarlo. Lucie se percata de mi presencia, o eso creo, porque mira la luna e implora por mí, que me acerque a su destino, a su lado, que la mire y pueda amarla. Yo me marcho despacio, haciendo cuenta de no haber entendido nada, de no saber qué había dicho.

Subiendo las escaleras pienso en las eternidades del tiempo, en las horas muertas que decidieron rendirse y hacer de esta noche eterna un limbo. Entro a mi habitación y veo a Dina, sorprendido la saludo, ella sentada en la cama, con un chillido de niña, limpiándose las lágrimas y dejando caer los anteojos, ella trata de decirme algo, pero un nudo en la garganta o más bien un remordimiento, un dolor, una vergüenza, no le deja hablar.

Me acerco, agarrando sus manos, secando sus lágrimas, recojo su pelo hacia atrás y luego la abrazo. Queda sorprendida, dejó de llorar de repente, me agradece y se va.

Tirado ya en la cama, pienso en ir temprano a ver al Padre Sebastián. Extraño la paz de aquella casa en la algarabía de los platos y los niños.

16

Escucho sin querer una conversación al acercarme al jardín del Padre Sebastián, Margaret le dice que le abrace como el padre que no pudo ser por su vocación, que está falta de amor, que todo en su vida es un caos.

Me alejo a la cocina, está la esposa del Padre Sebastián.

—¿Está la niñita mimada del padre Sebastián, con unos de sus espectáculos?

—¿Realmente tiene algo contra ella?

—¡Ay, sí pudiera decírtelo! Entenderías por qué siento esta rabia e impotencia.

Vienen Margaret y el Padre, sorprendidos ambos de verme. Pero inmediatamente Sebastián se lanza hacia mí y me abraza, riendo a carcajadas, diciendo: «Hijo, pero no ha pasado ni un día y ya estás de regreso. ¿Te quedarás?».

Margaret me mira esperando una respuesta. La miro y le digo que solo pasé a visitarlo. Ella, con voz seca me dice que me esperará para llevarme. No me niego, agradezco con la cabeza y empiezo a escuchar al Padre poner el café al lado de sus palabras.

—Los niños vendrán y estarán preguntando por su médico, no sé qué les diré. Estarán tristes de no verte, sabes lo rápido que se han acostumbrado a ti, casi más que a mi Margaret.

—¡Padre! —Exclama Margaret con una risita recelosa.

Wow, hacía mucho tiempo que no la veía reír. Se percata y aprieta la boca evitando ser descubierta.

—¡Los niños son ángeles! Ustedes son los protectores de sus alas, enviados de Dios, ustedes dos tienen unos de los corazones más nobles que he conocido, detrás de cada fachada autodestructiva y frialdad fingida, puedo ver cómo se les refleja la luz en los ojos, esa luz que ningún ser de buen corazón puede tener. Sean niños, sean sinceros, sean ustedes con el mundo, por qué tanto odio por el pasado que ya pasó, por qué no se unen y avanzan hacia lo profundo de sus verdaderos deseos, yo les veo mis hijos, les veo como hijos aunque más allá de eso, les veo como una parte de mí cuando joven fui, así mismo anduve, así mismo pensaba, hasta que decidí volver a ser niño, y soñar y hacer realidad mis sueños sin importar el qué dirán, abrí mi corazón y salió mi verdadera vocación, ser padre, ser niño y ser hijo de Dios.

Margaret y yo nos miramos buscando respuestas, o simplemente por pura curiosidad de ver el gesto y la reacción de aquellas palabras...

—¡Vamos! —Dice Margaret, dándole un beso al Padre.

—Tan pronto, entiendo, regresen pronto. Caminante, tenemos que hablar.

—Sí, Padre, volveré. —Y me despido con un apretón de pecho a pecho.

En marcha, ya puesto el silencio sobre las ruedas del coche, y ahora como dos desconocidos, tenemos los ojos puestos en la calle, de frente, se escucha la respiración agitada del motor, y yo, como un tonto le pregunto adónde vamos, ya que ha tomado otra ruta. Me responde mirándome, vamos a un lugar donde no nos conozca la gente y seamos el uno para el otro.

Ok, no entiendo nada, a qué se refiere. Llegamos a la estación de tren, la sigo y veo que toma dos billetes.

—¿Adónde vamos? —A Rusia, responde con cara de loca.

Los pensamientos se agudizan en el tren, llegan tantas emociones y angustias, el sonido de las ruedas martirizando las vías, el olor a hierro y perfume, la mujer sentada a mi lado y sus idas y vueltas, los alrededores de los árboles, de la verdad oculta que quiere regresar del olvido y gritar que existe, que es y quiere seguir siendo. Yo jamás he sentido tal tristeza, no es la primera vez que no sé a dónde me dirijo, pero siento que no hay un regreso de la realidad abrumadora que me acompaña, que me sigue de cerca, murmurando que solo habrá desilusiones, que salte a las vías, que mate cualquier ilusión que quiera salir. Es extraño, estoy frente a la mujer que me ha arrebato todo, del camino desolado, de las calles frías y la mirada vacía, pero aun así, siento que algo se me escapa, que no estoy donde debería, duele el amor y sus circunstancias, duelen los ojos a la espera de ser mirados, duelen las lágrimas secas sobre el rostro, duele el vagón que está lleno como duele el que está vacío. Duele tanto el amor porque uno siempre es el que más ama, o el que solamente ama, hay que saber rendirse, hay que saber cuándo desistir y amarse así mismo, el martirio no es amor, el martirio es dolor que está contrario a cualquier semejanza. Yo me rindo, de luchar y esperar, de llegar a ser el que observa desde lejos cómo va su vida, que espera lo mejor recibiendo lo peor. Me rindo y me marcho, soy un hombre que siente, no recuerdo mi pasado pero sí mi presente y…

—¿Adónde vas? —Dice Margaret.

—Me bajo en la próxima parada. —Respondo.

Voy caminando a la puerta, y me paro enfrente mirando por la pequeña ventana, ni siquiera sé dónde estoy y esto me da una esperanza para comenzar nuevamente. Tendré una vida, me apartaré del camino donde solo hay desolación y soledad, me hundiré en la multitud y caminaré escuchando las voces de los transeúntes.

—¿Por qué te vas? —Pregunta Margaret con cara de tristeza.

—Porque tú al igual que el camino, hieres mis pies, tú hieres mi corazón. Tal vez creíste que el masoquismo era lo que quería, pero no es así, yo quiero apartarme del polvo y renacer. Sé una buena mujer por favor, cuídate y te suplico que seas feliz.

Ella se va, yo voy a preguntar más o menos en cuánto tiempo se llega a la estación más cercana

—¿Adónde se dirige? —Me pregunta una señora, sonriendo.

—A cualquier parte. —Le respondo pensativo.

—Pues mire que a su edad yo también fui aventurera, no he parado aún de rodar, de seguir inhalando los humos del tren y los cigarrillos.

Tose y continúa con su voz de viejecita.

—Vivo las vidas ajenas. Mire por ejemplo aquella joven mujer con el niño, esa soy yo, y ese es mi hijo. El hijo que nunca tuve, que no pude tener por decisiones del destino. La única cosa que no tiene solución es cuando el destino decide por nosotros. Una enfermedad, la muerte, el amor no correspondido, la distancia, el tiempo pasado... Su vista se pierde por un momento, cierra los ojos, respira profundo y los abre lentamente mirándome y diciéndome: «No dejes que decida por ti. Ahora vete, ya has llegado a tu destino.»

Salgo por la puerta del tren, y escucho cómo detrás de mí suenan unos pasos apresurados, suena el pito que avisa que se va, yo me quedo de pie frente a la ventana de la anciana, y veo correr a Margaret hacia la puerta, la sigo y salta a mis brazos, tapando todo mi rostro con su cabello.

—Bésame! —Me dice, respirando fuerte y agitado.

La miro, tiene el rostro angelical, su tez blanca y sus mejillas sonrojadas, me parece una niña enamorada.

—Bésa... —Paso mis manos por su cuello subiendo a su cara, y la beso. Se detuvo el tiempo mientras el beso se hizo eterno. ¿Cómo describir un beso? ¿A qué sabe un beso? Todo lo que puedo decir es que, aun después de besarla, la sigo besando. Se escapa un suspiro, las personas nos miran sonriendo, no siento vergüenza, solo fascinación, siento que ando en las nubes, literalmente en las nubes. Margaret me agarra de las manos y caminamos por la estación buscando la salida entre la poca gente y la poca luz en las paredes. Caminamos, salimos al ruido de la calle, pero no me pregunto en dónde estamos, ni siquiera me digno a leer los letreros, solo camino, recordando aquel beso que me arrebató el aliento. Pensando si este sueño durará unas horas, o será como el sueño fugaz que se va sin más. Veo en las calles entre la gente y el puente un hotel, allí nos dirigimos sin hablar, como si supiesen nuestros pasos adónde ir.

—¡Salut! —Nos canta un saludo un muchacho medio extraño.

Con ademanes y gestos graciosos.

—Salut. —Responde Margaret, riendo.

—¿Qué es, francés? —Pregunto, mientras ellos ahora ríen los dos.

—Oui, on parle francés.

—Una habitación por favor, digo mirando a Margaret para que le traduzca.

El muchacho vuelve a reír y con su fémina voz dice:

—Entiendo el español.

Subimos los viejos escalones, siempre agarrados de las manos. Mientras avanzábamos a la número 20, el silencio hacía eco, los pasos por el viejo piso se agudizaban, el olor a jazmín hacía una agradable sensación a la nariz. Entramos a la habitación, conté los pasos, cada mínimo detalle, si es un sueño quiero recordarlo todo.

Empecé a dejarme llevar por la ilusión de que en un sueño puedo hacerlo todo. Soy libre de hacer cosas que no podría despierto. Empecé por pararme en la ventana y mirar afuera, observar desde el cuarto piso el color de la región. Ahora se ve mucho mejor, tengo todo el tiempo del mundo, entonces miro la decoración de la habitación, pintada de verde limón, una jarra con agua, flores, y un lápiz y unas hojas en blanco. La cama es amplia, alta, muy alta, sus sábanas de tulipanes. El pequeño baño, muy limpio y blanco. La ropa de Margaret que cae al piso. Mi mirada que sube despacio de los pies hasta sus ojos. No se agita mi respiración, contrario a lo que pensé, solo respiro con total relajación. Me quedo parado mirándola, entonces ella avanza hacía mí, y me besa sin tocarme. Se va al baño, abre la ducha y entra. Me paro en la puerta, degustando su figura. Se ve más esbelta desnuda; sus nalgas, lejos de ser perfectas, son normales, sus senos casi caídos, su barriga con un poco de grasa, es hermosa, es Margaret.

Me quito la ropa y entro a la ducha con ella. Se pone en una esquina, sonríe, y empiezo a lavar mi sexo, mis ojos azules clavados en la palidez de su cuerpo, mis manos que van y vienen, es una inspiración infernal de una pasional historia. Salimos de la ducha, secándonos con la misma toalla. Pasamos a la cama, ella se recuesta, yo me recuesto a su lado. Miramos el techo y luego de lado al unísono del tiempo perfecto nos miramos, nos besamos, nos acariciamos, y nos elévamos hacia la gloria del amor, se abre la rosa y la beso. De poeta está hecho mi cuerpo, tiño todo su cuerpo, sus gemidos son suaves y tiernos. Llegamos al éxtasis supremo, y entiendo que el destino tenía todo esto planeado.

A través del confuso encantamiento despierto ahora del sueño, un sueño lúcido que ahora recuerdo sentado en un café, solo, con una corbata azul, un traje negro, y mis zapatos más ilustrados de lo que pensé posible. ¿Dónde me encuentro? Viene una mujer hacia mí, es hermosa, larga cabellera negra y lisa, una piel tersa, su cuerpo delgado y bien proporcionado, sus ojos negros se me hacen conocidos y el niño ¿quién es el niño? Sonríen ambos, saludándome. ¡Papá!

17

—Te has quedado dormido…

Miro a Margaret desesperado, casi olvidando que estuve con ella, perdiéndome inmediatamente en aquel sueño, ¿Quiénes eran aquellos dos cuerpos que se han clavado en mi alma?

—¿Estás bien? —Pregunta Margaret, sorprendida por mis blanquecinos nervios.

Entro al baño sin decirle nada, lavo mi cara y todo mi cuerpo, es la mujer de hermosa cabellera que siempre viene a verme en sueños. Luego ya estoy calmado, salgo a la habitación, veo a Margaret sentada y esperando, parece preocupada. Me acerco apoyando mi cabeza sobre la de ella.

—¿Quieres ir por un café?

—Sí —Me responde, encendiendo un cigarrillo y obviando el cartel que dice: *No fumar.*

Aquí es donde la poesía nace. En un café, en un lugar que jamás he estado pero que se me hace conocido. Está presente en el café, en los ojos líquidos del café, en el cuerpo de un cigarrillo que se consume sobre su propio nombre. Nace en el horizonte donde se pierden mis ojos, y sigue avanzando sobre los pasos que se pierden detrás de mi espalda. La luz delante de ella es opacada, porque la poesía ilumina con luz el alma de cada persona, no es para todos, es para cada uno. Siempre quise encontrar la inspiración mirando los ojos de mi amada, pero ella me dio algo más, me dio un nuevo comienzo.

Este viaje, en este lugar tan opaco pero tan cálido, que lo siento como mi casa, que respiro un aire conocido, ha detonado en mí emociones que no pensé que tenía. Así es cómo nace la poesía, con un comienzo melancólico y un final de ensueño.

Margaret tiene otro semblante, parece relajada, es carismática, saluda a los niños que pasan, fuma por placer y no por los nervios. Toma delicadamente su mechón y lo coloca hacia atrás. Me mira sin odio, sus ojos alegres buscan entretenerse con los míos, yendo y viniendo por las pisadas de la gente.

De tanto mirarte me duelen los ojos, duele conocer el alfabeto de tu nombre. Aquí, por curiosidad, pasa un hombre vendiendo flores y lo único que tengo para ofrecerte son mis seductores ojos que te miran como a nadie han mirado. Te ven deleitados, eres el goce de sus pupilas, pupilas que se dilatan cuando besas la brisa con cada palabra.

—¿Quieres regresar a casa? —Me pregunta Margaret.

—Mi casa está ahí, justo ahí, en cada beso que nos damos.

—¡Nicolás! —Dice una mujer rubia, alta, pero no de esas altas porque andan en tacones, sino de esas de largas piernas y faldas ajustadas hasta la cintura.

La miro desconcertado. Ella continúa acercándose más y abrazándome:

—¡Aquí estás! Te hemos buscado por todas partes. Tus amigos nos hemos preocupado. Pero estás bien.

—¿Disculpe? Se ha equivocado. No me llamo Nicolás. Soy un caminante.

—Sí, lo sé. Siempre te gustó caminar, hasta ese día…, el día del accidente que…

—¿Que qué? —Pregunta Margaret, ansiosa por saber.

—Nicolás, tal vez no lo recuerdes por el trauma pero… La mujer toma asiento, pone la mirada en el centro de la mesa y continúa: —Tu esposa y tu hijo murieron en aquel accidente.

—¿De qué me está hablando?

—Desde el día del funeral saliste corriendo, no supimos más de ti, sé que es duro. Fue una tragedia y todos hemos querido decirte que no tuviste nada que ver. Según la investigación, el típico borracho que dio con ustedes. He querido encontrarte, te hemos buscado, tampoco recuerdas a Mauro, mi esposo, tú mejor amigo.

—No sé de qué me está hablando usted.

Por un instante me llega la imagen de los sueños recurrentes que he tenido. Donde una mujer y un niño me saludan, me abrazan, me consuelan. Lloran de alegría y me dicen que sobreviva a la nostalgia.

—Escucha, aquí no es donde vives. Te llevaré mañana a Baldwin. Tal vez así empieces a recordar todo.

—No quiero recordar. —Le aseguro.

—Fueron tus únicos familiares, te amaban y tú a ellos.

Se separa de la mesa y dice:

—A esta hora mañana estaré aquí. Prepara tus cosas que irás a casa. Ah, y por si no lo recuerdas, mi nombre es Melanie.

Se marcha entre la gente y se esfuma. Y subió, subió el nerviosismo y la ansiedad, pido un trago fuerte. Intento no pensar. Tanto tiempo evitando saber quién soy y ahora, en un instante, sin desearlo, aparece la solución al misterio.

—¿Estás bien, caminante?

—¿No has escuchado que ahora soy Nicolás?

—Es un lindo nombre. —Me mira sonriendo, tierna y pálida como siempre.

Vamos al hotel, tenemos que descansar.

En el hotel, Margaret me besa apasionadamente, y se despide.

—¿Por qué te vas?

—Creo que es algo que tú debes descubrir. ¿Sabes? Siento que te conozco. Sabes dónde estoy, búscame, te estaré esperando.

Vuelve a besarme y justo al abrir la puerta la tomo, la beso y la huelo, y le prometo regresar, y le pido que me prometa esperarme.

—Margaret.—Le voceo por el pasillo.

—¿Si? —Dice, volteándose.

—¿Qué le dirás a Emilio?

—No lo sé, pero te amo.

18

Llegamos en la tarde a Baldwin, una ciudad grande, de altos edificios, muy distinto adonde había estado. Sorprendido y sintiéndome lejos de casa, percibo la voz de Melanie.

—¡Hey! Llegamos a tu casa.

—¿Pero dónde? Esto es un edificio inmenso.

—¡Vamos! —Me dice, tomándome del brazo.

En la puerta me saluda un señor, no lo recuerdo. Subiendo percibo un olor a canela. Extraño olor, tampoco lo recuerdo. Llegamos, abre la puerta y me dice, esta es tu casa.

Observo todo minuciosamente, estoy lejos de creerlo, tal vez es una broma. Toda la decoración, la vista a la gran ciudad, el espectáculo en la cocina. Las ventanas que se abren automáticamente. ¿Dónde estoy? Y ahí está la fotografía, y otra fotografía, y más adelante me desplomo rompiendo el vidrio de las fotos.

—Todo está bien. Ven, siéntate aquí.

Hago un esfuerzo por pararme, me tiemblan los tobillos, estoy llorando pero aún no logro recordar nada, no sé qué está pasando… Tomo agua, respiro y me dispongo a escuchar a Melanie.

—No sé por dónde empezar…, eres un buen hombre, buen padre, buen amigo, sobre todo eres un buen doctor.

—¿Doctor? ¿Yo?

—Sí, además tienes una buena situación económica. Tus padres murieron y ya sabes lo demás.

—Parece sacado de una novela. —Digo abrumado y un poco mareado.

—Lo sé, pero es tu vida, la que abandonaste. Es hora de que lo retomes todo, tus colegas te esperan, te ayudarán. Eras feliz, eras muy feliz. Tenías y ahora tienes todo lo que cualquier persona desearía. Puedes recomenzar, tienes la base.

—Háblame de mi familia, de mi hijo, mi esposa.

—Tus padres, bueno, ricos y realmente según tú normales, nada especial. Pero tu mujer, ella era hermosa, dios; una modelo de las mejores, tu hijo un niño impecable, jamás molestaba o se quejaba. Todos envidiaban a tu familia. Buenas fiestas, cenas y, ya sabes, esas salidas al... —Al casino, ¿es así?

—¿Cómo lo sabes?

—Encontré una ficha en mi bolsillo.

—Da igual, no tienen ninguna importancia. Ahora sabes un poco de ti. Te dejaré descansar. Esta es tu casa. Cualquier cosa te dejo mi número de teléfono.

¿Qué hacer en un lugar que se me hace difícil de entender? La decoración jamás la habría elegido yo. Imponentes decoraciones, lujos y botellas muy caras de alcohol. La habitación del niño me parece tierna. Me siento en la cama, contemplo su cuerpecito durmiendo, diciéndome papá. Pidiendo le lea unos libros antes de dormir o lo arrope porque tiene frío. Me vienen unas náuseas horribles, me recuesto en su cama y siento su olor, me duermo hasta caer en aquellas imágenes, las que me han perseguido todo este tiempo.

—¡Papá!...

Entonces lo recuerdo todo, porque ahora no puedo evitar la realidad. Recuerdo lo que ya sabía y no quería aceptar, recuerdo cada beso, cada llamada, cada salida, cada comida, cada infidelidad, recuerdo la frialdad de mi alma. Las ausencias en la casa, las lágrimas de mi esposa implorando que no me vaya, las burlas sobre la mesa. La esperanza despeinada, nunca amé pero recuerdo que fui amado. Y mi trabajo, una profesión que amaba porque era mi vocación, aunque luego fui perdiendo el sueño de salvarlos y solo me concentré en abrir mi propia clínica. ¡Qué cruel! El prestigio te hace cruel. Andando sin más que destruir a todos con mi ego, mi arrogancia.

—Buenos días, señor Nicolás!

Ahora no me siento así, no soy ese que pisoteaba a los demás, tal vez por eso hui, porque soy un cobarde... Llora, llora, llora.

—¡Cobarde!

—No lo soy mamá.

—Eres débil como tu padre.

—No lo soy mamá.

—¿Por qué tú, de entre tantos espermatozoides?

—Mamá..., ¡basta!

Hay palabras que hieren, que no sanan nunca, la herida permanece y duele, y aquel dolor te recuerda el sufrimiento que tuviste y pasas de víctima a victimario. Yo no sé qué soy. ¿Puedo perdonarme? Lo que hice, lo que me hice, todo fue en defensa de mi propio sufrimiento. Eso creo, porque no soy el que fui, no me siento así. Me miro al espejo, mi rostro está sin ninguna expresión, no sé qué hacer. ¿Cómo olvidar? Quisiera regresar al camino, y olvidar. Puedo hacerlo. Pero ¿olvidaré también a la mujer que amo? Margaret, mi Margarita. La mujer que me ilumina. Mi sol solecito. Mi vida, mi respiro. Ella me ama y la amo. Ella me espera y debo encontrarla. ¿Qué debo hacer ahora?

Suena el teléfono.

—¿Aló?

—¿Sí, Nicolás? Te habla Mauro. Sé que no me recuerdas.

—¡Ajá...!

—Vamos por unos tragos a las seis. Tranquilo amigo, pasaré a recogerte.

Necesito ahogar mis penas en vodka, pensaba que mi único problema era conquistar a Margaret, y ahora que todo va bien resulta que no soy quien creía, no era nadie, ahora soy. Memorizo mi nombre, Nicolás, Nicolás, Nicolás. Doctor, viudo, con un hijo que yo mismo mandé al otro lado, ¡asesino, asesino!

Paso a la ducha, el agua siempre hace bien para alejar los demonios que queman mi alma. Agua por todo mi cuerpo, porque mientras el cielo me interroga y arroja agua por todo mi cuerpo, el infierno se acerca y enciende una llama por todo el pensamiento. Así es como funciona el mundo. Somos lo que somos aunque intentemos escapar de ello. Nos perseguirá siempre, vayamos adonde vayamos.

Me pongo algo de ropa cómoda. Peino mi pelo, y ajusto mis pantalones. Salgo a esperar a Mauro. El portero trata de decirme algo. Pero en ese mismo momento llega un carro deslumbrante. Baja los cristales oscuros y me llama por el nombre que memoricé.

Fuimos todo el camino en silencio. La música de los Billions. Imposible no recordarla. El olor a derroche y su cara sonriente como si le estuviesen contando un chiste. Llegamos al lujoso bar, nos sentamos en una mesa de la esquina, frente a un piano que nadie tocaba. La gente que está aquí parece venir por temas no placenteros, se siente la tensión, todos hablan como si estuvieran peleando y los que no, ni se miran.

—Estamos aquí porque somos amigos. —Dice, mientras pide dos vodkas.

Lo ignoro y miro al camarero irse.

—Sé que la última vez que nos vimos tuvimos problemas. Pero debes olvidarlo, eso hacen los amigos.

Lo miro y quisiera que se callara de una vez.

—Sí, somos amigos. —Le digo para que deje de hablar.

—Así me gusta, amigo. Ahora ¿recuerdas algo del dinero?

—¿Qué dinero? —Le pregunto.

—Ahora me he confundido yo. No, no pasa nada.

Ignoro sus palabras, me dispongo a olvidar el ajetreo del día, así como a perderme en las paredes del edificio, voy y vengo por cada vaso. Por favor, no te burles de mí. No quiero ir a casa, no es un buen recuerdo el que tengo de allí… —Creo que es hora de irnos.

—¿Puedo quedarme en tu casa? Los recuerdos se intensifican en la mía.

—Tienes una casa, ¿no lo recuerdas? Ven, te llevaré.

Llegamos a un suburbio, todo tranquilo, un jardín hermoso. La llave estaba detrás del manubrio. Entramos, Mauro sonríe y comienza a decirme que aquí vivía antes, pero te parecía una casa cursi y decidiste cambiarte al centro de la ciudad en un imponente edificio.

—¡Aunque con semejante mujer! Cualquiera abandona todo y se va.

—Esta casa me gusta. —Le digo, sin importar si me escucha.

—¿Qué harás con todos tus bienes? ¿Piensas volver al trabajo?

—No lo sé aún. ¿Qué hacía exactamente?

—Amigo, la pregunta es qué no hacías.

Estoy agobiado, le pido que me deje solo. Se despide no sin antes darme dinero en efectivo.

—Mañana debes pasar por el banco. —Me dice.

El banco, dinero, tensión. Necesito tumbarme, Margaret está esperando por mí, y aquí al parecer también.

19

Un mes, deudas, problemas, pagos, cenas exóticas. No siento nada, estoy perdido. Pensé que la casa de Margaret estaba llena de dramas, pero me equivoqué. Este es el infierno. Amigas de mi esposa seduciéndome, historias de sexo entre ellos, nada que quisiera en estos momentos. solo quiero volver a la tranquilidad, al camino que me lleva al río, a la sonrisa del sol alegre, porque aquí hasta el sol es diferente, no brilla, solo desprende una luz opaca, se puede ver que aquí el sol está mucho más lejos. Ah, y el Padre Sebastián. Ese es un amigo, estos me buscan por lo que tengo. Quién no sabe eso. El portero me ha contactado para decirme que tenga cuidado con Mauro. Es un estafador. Y sí, me ha dicho que yo le debía una suma exageradísima de dinero. Le he prometido pagársela, solo para salir de él.

Tomo el teléfono y contacto con mi asesor.

—Quiero deshacerme del apartamento y los lujosos carros.

—¿Y con lo otro?

—Déjelo, encárguese usted de suplir las necesidades.

Ahora cuelgo y llamo a Mauro.

—Te daré el poder para que administres mi empresa. Mantenme al tanto de todo. Confío en ti.

—¡Amigo…! —Cuelgo el teléfono.

Debo prepararme. Iré a ver a Margaret.

Llego a Rules, por fin encuentro las similitudes entre el día y la noche. Aquí el día es poético, allá, sombrío y terrorífico. Paso por el pueblo, todos me saludan como si me conociesen. Paso por la librería, me atiende una señora amablemente, me pregunta que si no soy de por ahí. Ahora, al parecer, todos me conocen, o no me conocen por la nueva ropa que llevo. Tal vez muy a la moda. Y es que los pueblos son esponjas que absorben la publicidad pícara y embustera de cualquier mentira bonita. Disfrazada de seductoras promesas, sabiendo que no hacen más que daños a sus consumidores. Decido andar en sendero a pies, necesitaba caminar. El aire condiciona mi piel, permito que una ráfaga de viento lleve hacia atrás mi pelo. Pierdo mis ojos en el azul del cielo. Siento alivio, respiro y paso delante de la tumba del padre de Margaret. Saco una de las rosas que le llevo a ella. Le suplico por ella, y que a mí me conceda la gracia de tenerla. Yo, hablando con los muertos, se me da bien ese trabajo, no soy muy hablador, así que sin voz ya saben lo que quiero decirles. ¡Ay, la muerte! ¿Quién escapa de ella? Es una señora hábil y poco discreta que espera sentada para ser alimentada con las almas que salen de los cuerpos, buscando ser útiles en otra parte. Yo muero cada día, he muerto muchas veces. El muerto siente que ya está muerto y se desespera, siente que estando muerto ya nada le queda. No quiero morir sin haber vivido, quiero vivir logrando cada uno de mis deseos. He visto en sueños o recuerdos cómo murieron aquellos dos seres queridos que no se lo merecían, a una edad tan corta. A veces me pregunto si no se debería cuestionar uno las decisiones que toma el destino.

Me separo de la tumba, avanzo camino arriba, veo la gran reja y la emoción se apodera de mí, veré a mi amada otra vez. Ahora que todo lo mío le pertenece, siendo ella dueña de mis rubores, siendo yo correspondido, aceptado por sus ojos, ahora ya nada podrá impedir nuestro amor, el futuro es claro y es nuestro, la amaré hasta que mi alma salga de mi cuerpo a reposar en su mirada. La amaré sobre las flores y las rosas, desnudos cantaremos mientras bebamos vinos, la amaré bajo la lluvia, sobre el cielo y las estrellas, seremos el uno para el otro, sumaremos las alegrías y dividiremos juntos las nostalgias, siempre los dos queriendo encontrarnos en el mismo camino.

Como de costumbre está la puerta abierta. Entro, la casa cansada de mis entradas y salidas ya ni me da la bienvenida. Todo está calmo. Un silencio que jamás había escuchado, el silencio que decía que algo pasaba.

—Giancarlos, ¿dónde está Margaret?

—Está en su habitación. —Dice, con tono melancólico, agachando la cabeza.

Subo las escaleras preocupado. ¿Con qué me encontraré? Toco la puerta y nadie responde, entro y veo a mi amada desvaneciéndose en la cama. Pálida como la flor de loto al final del día, pálida y sin vida, sus ojos se han apagado. El pelo desteñido, ahora es un rubio cobrizo que humilla su rostro.

—¡Margaret! —Tomo sus manos frías y las coloco en mi rostro.

Ella se voltea dándome la espalda. Abro las ventanas, dejo que el aire caliente salga. Que la brisa fresca entre por sus pulmones.

Su boca está seca. Le intento dar agua pero no quiere.

—¡Giancarlos! —Llamo con fuerza.

—¿Dónde está la cocinera?

—Ahora mismo no tenemos a nadie. —Responde, medio avergonzado.

—Quédate con ella, iré yo mismo a preparar algo.

Pongo un poco de agua a hervir, y empiezo a preparar una sopa de pollo. Tiene que comer, debe comer. En un rato está lista. La subo, paro un poco a Margaret, poniendo dos almohadas sobre su espalda.

—¡Vamos! ¡Come!

Ella sin vida se niega. Giancarlos permanece en silencio y un tanto ido. Yo sigo luchando por hacerla comer.

—Ella quiere morir. —Dice Giancarlos.

—¿Qué ha pasado?

Ella comienza a llorar, pero no sale ninguna lágrima. La obligo a comer, empujando la cuchara contra su boca. La obligo a beber. Y tomo sus medicamentos amontonados y se los doy.

Me siento frente a ella en una silla. La veo dormir y pregunto al joven Giancarlos, qué ha pasado.

—Dina y Emilio eran amantes.

Giancarlos se va. Entonces puedo entenderlo todo. Las salidas, la desaparición de Dina y Emilio. ¿Cómo pudieron hacerle eso a Margaret? Conociendo su frágil condición… Su hermana, su hermana que tanto quería. Y Emilio, pensé que era un buen hombre, por lo menos en el fondo pensé que habría algo de bondad, pero es un malnacido. Hacerle eso a una flor delicada. Se burlaron de mi Margaret, la hirieron sin ningún pudor, solo unos seres crueles e inhumanos podrían hacerle eso. Y yo no estuve aquí para protegerla. Salgo a buscar a Giancarlos. La dejo dormir.

Lo encuentro y le pregunto cómo se enteró.

—Los encontré al regresar de su viaje en su propia cama. — Dice, medio avergonzado.

No lo puedo ni creer.

—Pero eso no es todo. El problema es que su hermana le dijo que ella no es hija de los Sumé, y que deberá marcharse de su casa. —¿Estamos hablando de la misma Dina?

—Sí, señor. Hasta Lucie se ha ido. Margaret se niega a abandonar la casa que tanto ama. Ya lo sabe usted.

Estoy atónito, voy donde el Padre Sebastián, no sin antes pedir a Giancarlos que la cuide. Es un buen muchacho, fue el único que no se marchó dejándola sola. Voy lo más rápido que puedo a buscar al Padre Sebastián. Llego y entro irrumpiendo como un ladrón. Me mira e intuye inmediatamente que le ha pasado algo a Margaret.

—¡Vamos! —Me dice, sin esperar a que le diga ni una sola palabra.

Ya en la casa, Margaret recobra el aliento. Por fin salen lágrimas de su rostro y es que llorar desahoga, libera, afloja las nostalgias. Abraza al padre, el Padre Sebastián llora como un niño.

Se perdonan el uno al otro, él le da de comer y beber y ella accede sin poner ninguna resistencia. Yo estoy tan tranquilo ahora. Ahora que la veo tratar y sonreír, aunque tristemente, a los pájaros en la ventana.

—Dejémosla descansar. —Dice el padre mientras me arrastra hacia fuera de la habitación. Le sigo hasta la galería. Nos sentamos y comienza a hablar.

—Margaret es mi hija. Ella aún no lo sabe. Todos aquí conocen la historias de la infidelidades de la madre de Margaret, pero nadie sabe que de ahí nació una hermosa niña, que yo mismo bauticé como Margaret.

Guardo silencio. Las cosas recobran el sentido.

—Margaret debe marcharse de aquí, está muy débil.

El padre sube a la habitación nuevamente, abraza a su hija y le confiesa delante de mí que es su padre.

—Siempre lo supe. —Dice con las palabras casi inentendibles.

—Espera aquí hija mía, esta también es tu casa.

Margaret empieza a llorar nuevamente, lo abraza y él se marcha. ¡Padre Sebastián!, le grito llegando casi a la reja. ¿Qué debo hacer?

—Ámala como siempre lo has hecho.

De nuevo en la habitación, miro a mi amada hundida en su bata de seda blanca, respira lento, observa por la ventana como si estuviese esperando a alguien que viniese por ella.

—Te amo…

—El amor es una ilusión.

—Eres mi ilusión.

—La ilusión es un espejismo.

—¡Margaret! Recuerda que siempre te he amado. Recuerda mis besos, nuestro cariño sincero.

Ella llora, y se oscurece fuera la ventana, todo gris, gotas empiezan a caer como hilos finos por el vidrio de la ventana. Susurran las gotas que caen, susurran y luego golpean fuerte, como si estuviesen enojadas. Tac, el reloj que marca el dolor. Tic, susurran las palpitaciones en mi pecho.

Duermo junto a la cama, ella sigue despierta. No hay misterio que me desvele, pero ella anda perdida en sus pensamientos, ida, no quiere regresar a la realidad. Le doy agua, la abrazo pero no responde a mi cuerpo.

—Amada mía, me tienes a mí, jamás te dejaré.

No reacciona, ni tan siquiera me mira. Suspira dolor, decepción e ira.

—No existe tal amor.

La dejo tranquila. Tranquila para que siga conversando con sus demonios, y yo aquí de pie peleo por ella, no me rendiré.

No, no puedo dejarla irse al infierno de sus pensamientos.

—Margaret, que no te atormente el dolor. Tendrás otra casa, sé cuán importante es para ti, sé que te duele la traición de Diana y Emilio, pero recuerda que no es en vano mi juramento. Te protegeré. Te amaré, jamás me apartaré de tu lado.

Me mira, sonríe y me dice.

—¿Qué tienen tus palabras que me sacan del lodo fangoso?

—Yo solo sé que te amo, desde aquel día que chocamos juntos cuando yo deambulaba sin ningún sentir. Le has dado sentido a mi vida. Créeme, en el caos de tus cabellos me perdí y allí me querría quedar.

La lluvia sigue cayendo, los truenos hacen temblar toda la casa. Crujen las maderas del techo, la oscuridad se instala en cada parte de la casa, en cada rincón del corazón. Que llueva, pronto pasará la tormenta. Estoy seguro de que pasará y saldrá el sol.

20

—Buenos días, Nicolás.

—Margaret. —Me levanto de la silla y abro todas las cortinas. Como predije, el sol está fuera, saludando a cada flor y a cada rosa. Haciendo su aparición entre las nubes, imponente sol, brilla, nos aclara las ideas. Las mañanas en Roles son sublimes. Todos los colores resaltados, el rojo es más rojo, el azul más azul, el verde…, el verde es mucho más verde. Y el olor, el olor a petricor hoy es emocionante.

Ayudo a Margaret a levantarse. Entramos al baño, la espero, la venero y la quiero. Amo cada parte de su cuerpo, cada gesto de su cara.

Bajamos a desayunar, no hemos pasado palabra, solo hacemos como si todo estuviese en total normalidad. Normal, ¿qué es un día normal? Será un día con menos sol y más viento o, al contrario, un día de mucho sol y menos viento. Será que un día normal no es más que cualquier día, el día en el que la monotonía continúa devorando a los diferentes escenarios que quieren ser. Un día cargado de tiempo y espacio, en el que se puede crear, destruir, avanzar o simplemente dejarse tumbar en las adversidades. En este día de hermosas Melodías de los pájaros, en el que acompaño a mi amada, a la que quisiera curar de sus heridas, si mi profesión sirviese para sanar las almas. Puedo sanar el cuerpo, puedo hacer que un enfermo se levante, salvar vidas que ya casi yacían muertas, pero no puedo hacer que Margaret salga de su tormento. Y así transcurre el día, dejando la mañana el mismo silencio.

Se escucha la puerta, y veo llegar a Dina y Emilio. Están ansiosos, y a esta hora de la tarde creo que ya han triturado todas las botellas de alcohol. Apestan, huelen a traición. Sus rostros han cambiado, pícaros y crueles. Sus voces burlonas que retumban por toda la casa…. Nos miran con una sonrisita a medias que ignoro agarrando la mano de Margaret.

—Jamás confié en ti. —Dice Emilio, como si fuese un santo.

—Yo tampoco. —Replica Dina, insinuada.

Guardo silencio, evitando que se hagan polémicas mis palabras.

Suben los dos a la habitación, hablando de temas triviales que se pierden juntos a sus apresurados pasos. Esto me parece una locura. Debo sacar a Margaret de aquí….

—Debemos irnos. —Le digo.

—Estoy embarazada.

—¿De él?

Emilio viene hacia a mí. Se sienta a mi lado. Comienza a silbar y el ruido me molesta. Así que lo miro furioso. Creo que se asustó. Pero igualmente se ha quedado a mi lado, en total silencio.

Pregunto anonadado, perdido, asustado por la respuesta. Salgo al jardín, grito, echo un rugido como un lobo feroz. Continúo rugiendo. Me arrojo al suelo. Dina y Emilio me observan desde la ventana. El sol se aleja, se va alejando más y más hasta que la oscuridad me arropa.

—¡Emilio!

Se va y vuelve con unas copas. La agarro con ira, la tomo de un sorbo. Vuelve a marcharse y regresa con una botella de mi vodka favorito. Bebo, ahogo mis penas. Se ahogan mis ilusiones, se pierden mis esperanzas en la oscuridad de la noche.

—¿Sabes lo de Margaret? —Me pregunta.

Lo miro loco y sin idea, echando mis pelos hacia atrás.

—Puede ser tuyo, creo que es tuyo. Yo estoy seguro de que no es mío.

—Eres un cobarde.

—Amigo, yo amaba a Margaret, así como tú, pero esa mujer es impredecible, cambiante, agobiante, la invade la locura.

—Es lo que más amo de ella, es Margaret.

Me doy un trago, él también. Todo se va calmando. Siento nuevamente que al estar perdido puedo reencontrarme con emociones que no se pueden describir. Amar el caos me hace cómplice de las víctimas que deja. Cuántas víctimas habrá dejado Margaret en la desesperación de encontrarse. Quién sabe. Ella solo existe como ojo de un huracán, como fuego infernal, como premonición angustiosa de un mal que se avecina. El futuro que me depara junto a Margaret es incierto.

Emilio suspira y me dice:

—Amo a Dina, jamás quise que las cosas pasaran así. Debes creerme, amigo mío.

El alcohol está siendo escudo y bastón para mis emociones. Todo me parece bien en este momento, ¿qué importa si Emilio está con Dina? ¿Acaso no me da eso el camino libre para estar con Margaret? Pero el niño, de quién es el niño. Debo hablar con Margaret. Me paro y entro a la casa. Veo a Margaret discutir con su hermana.

Ah, ya…, imagino que han pasado todo el día así. Así son ellas.

—Somos hermanas. —Dice Dina.

Margaret, como una fiera, le asegura que no es así y que ella lo sabe.

—No me importa, siempre has sido mi hermana. Perdóname, sabes que no lo quise decir. Estaba borracha. No sabía lo que decía. He amado a Emilio desde que lo vi, lo conocí primero, te lo presenté y tú saltaste sobre él.

—No es así, él se abalanzó sobre mí. Yo estaba frágil por la soledad en la que me encontraba y por eso lo acepté. Ni siquiera lo amaba.

Ah, como va la conversación, creo que todo se irá aclarando poco a poco. Las observo discutir. Hermanas.

Iré a preparar la cena. La cocina es un buen lugar para esconder las luchas cotidianas, se olvidan muchas cosas agobiantes al estar delante de una sartén. El ruido de los trastos pareció quitarles el cuack a los patos salvajes. Después de la cena todos aparentamos ser buenos. Decidimos hacer un brindis. Idea de Emilio que todos aceptamos levantando nuestras copas, diciendo:

—Salud por un nuevo comienzo.

Margaret y yo nos miramos sonrientes. Emilio y Diana están casi listos para la acción en la alcoba.

Aprovechando que tenemos la mesa para nosotros, halando el mantel de la frágil mesa, intento sin ofender a Margaret, encontrar la verdad, o por lo menos acercarme a ella. La realidad inevitable me pasa factura, no soy un cruel monstruo que quiera deshacerse de sus enfangados deberes. Pero busco en la mirada de Margaret un indicio de que tiene la certeza y el posible padre de su hijo. Las palabras se diluyen en mi cabeza, lucho por conseguir la calma, y al no conseguirlo solo salto de la silla, sudando, sintiéndome un títere que no puede continuar fuera del escenario de una página antigua. Debo caminar hacia la puerta que me conduce a la iluminada luna; sobre las copas de los árboles pongo la mirada, se mecen sus ramas en un vaivén suave y despreocupado, como si el viento y las hojas hicieran el amor; se mecen bajo la luna gimiendo hasta abrir una cajita de melodías, un sauce convertido en recuerdo. Sobre el camino, absorbiendo, buscando entre el polvo húmedo que desprende mis zapatos al herir la tierra, sacando la ira y pisoteando con fuerza todo lo que piso; de entre cada maldición, traición y engaño, escojo siempre creer en ella. En la luna que me guía en esta noche casi fantasmal, en la que lucho con caricias y abrazos que quieren matarme. Si no fuera ella esa luna que me guía, si tan solo pudiera saber que habrá otras lunas, que no es solo ella. Y que si siendo ella tan solo la única que hubiera, no haría daño su ausencia a mis tristes noches. Ya se ven las luces del pueblo, tan equivocado estaba de salvarme de mí mismo llegando a unas desiertas calles. Ahora se encuentran uno a uno los silencios, y en pos de textos ajenos y robados, hacen que siga prisionero de la misma desidia. En el restaurante Lauri, en el único lugar en que no debo vigilar mis bolsillos a esta hora de la noche, aquí solo los carruajes de cenicienta de vuelta se esperan. Tomo un trago, y podrán decir que he dejado que me consuma el buche y que ya mi lengua lo prefiere al agua, pero es que si tan solo pudieran saber a qué sabe un trago amargo cada vez que no estoy con ella. Pensamientos imputados, sádicos y apocalípticos. Me siento observado por una mujer, y volteo a mirar. ¿Saben?, es como esa mirada que te ve avisándote de que está ahí. Al mirarla pude tener una historia nueva que contar. Sus ojos no tenían dios que aclamar. La calma que me saludó al mirarla, dejó claro que tenía que encontrarla. Y así, siendo tímido, muy tímido, y teniendo en cuenta mi nueva vida, decidí avanzar lentamente hacia su mesa y ver qué pasaba.

—Buenas noches. —Dice una voz suave y madura, con fuerza pero en un tono melódico.

Le faltaba a mi voz tomar la labor prohibida de halagarla y, sin darme cuenta, estaba solo con un saludo, seduciéndola y acariciándola, necesitándola, y pensando que podría adivinar toda la historia. Sentado en aquella mesa pasan por mi cabeza preguntas que jamás tendrían interés, ¿quién era? ¿De dónde venía? ¿Adónde iba? ¿Cuáles eran sus canciones favoritas? ¿Pertenecía ella al lugar de mis sueños?

Ella hablaba con las manos, hacía énfasis en cada palabra, parecía culta y muy educada. Su madurez no solo se notaba en la ropa que llevaba, cubierta y dejando ver solo lo necesario en aquel suave traje color café claro, y su reloj pequeño, que combinaba con unas argollas plateadas. Ella habla de cómo era antes de venir a Roles, de sus ambiciones, y las nuevas costumbres que ha adquirido.

—Mi familia fueron personas muy influyentes en el sector inmobiliario. Yo me desprendí de todo aquello, seguir el camino que los había convertido en frívolos e implacables seres.

—¿Y qué decidiste hacer? —Le pregunto.

—Me convertí en una abogada que no ejerce la fuerza ni las malas mañas para superarse.

La miro y recuerdo la reputación de los abogados. Parece que nota mi gesto porque me dice:

—Tranquilo, sé que nadie nos cree cuando hablamos de salvar vidas.

Se da un trago largo. Y me pregunta qué hago yo.

—Sobrevivo sin ambiciones, sin querer regresar. solo quiero pedir la vida perfecta que no merezco.

Asiente como si entendiera y a la vez descifrando las palabras que el mesero se llevó. Van a cerrar, y puedo confesar que no había sentido tal afinidad con nadie. Me aterra la idea de no volver a verla, su pelo corto hasta la mitad del cuello, rubio opaco, sus manos finas, con las uñas pintadas de morado, el sonido de los tacones resonando en la acera, en la que en silencio ahora caminamos; yo, sin saber adónde dirigirme. Pero me siento seguro, confiado, tal vez por los tragos, o por ese perfume de *Lady Million*.

Puedo eludir la invitación a entrar a su casa, pero sus ojos me invitan seduciendo cada parte de mi cuerpo, no es necesario que busque una excusa, ni que finja algo que no es, porque todo lo que es junto a ella es, y sin medir los hechos, gestos o palabras, ella decide simplemente dejarse llevar por el momento, ¡y, qué momento! Ahora rechazo en su apartamento, modesto pero muy bien decorado, los tragos que no me dejan ser auténtico. Entonces, mientras se aleja al baño, hago una pequeña inspección del entorno y los hallazgos que hago me dejan anonadado. Las paredes están pintadas de blanco, un blanco reluciente. Un mueble en forma de L, una mesa con cds y dos orquídeas: una blanca y la otra morada. Fotos, muchas fotos encima de una estantería en la esquina cerca de una pequeña ventana. Me acerco a mirar, y está él, el típico hombre que pasado los cuarenta ya ha conquistado el *Empire State*.

—Con que, ¿estas expiándome?

—¿Estás casada?

—Soy una mujer que puede hacer más de lo que imaginas.

—¿Y qué estoy imaginando ahora?

—Creo que sabes que no estoy jugando ningún papel en esta obra, que nos vendría bien un coqueteo, romance, un instante amoroso, o mejor un respiro. —Dice, mientras se hace una cola y se acomoda en el sofá subiendo sus hermosas piernas.

—Me gusta ese suéter que traes. ¿A que es de tu esposo?

Ella se echa a reír a carcajadas, tomo asiento a su lado y la hermosura y originalidad de su rostro me dejan más que encantado.

—Eres encantador. Y ni siquiera sé tu nombre.

—No tengo nombre que me guste, llámame *Caminante*.

—Pues llámame Flor, la flor que está junto al camino.

—¿Puedo saber qué haces para sobrevivir?

—¿Te refieres a los desafíos?

Asiente esperando mi respuesta.

—Soy un duque, un monje, un cruel tirano. Lo perdí todo, me perdí a mí mismo, intenté escapar de la realidad, deambulé por las calles de cualquier ciudad, conocí el mal de la humanidad, aprendí sobre mi propio mal, y nada ha cambiado ahora que volví a encontrarme, y me di cuenta de que era peor de lo que imaginaba. Así que sobrevivo de las migajas que caen de mis propias circunstancias.

—Me gustaría no tener una idea cerrada de mí misma.

Nos quedamos en silencio, porque el silencio siempre llega, no nos abandona a ninguna hora, es un ser presente, omnipotente, a veces, el silencio grita alguna barrabasada si llega en un momento inapropiado. Ahora es un silencio incómodo; es tarde, tan tarde que ya es de madrugada, y estos besos comienzan a escucharse en las húmedas aceras.

El olor de su piel me enloquece, es embriagador, sus labios suaves y tiernos, su piel bronceada, tersa y lisa. Resbalan mis manos por sus muslos, acaricio sus senos y sus nalgas, no quiero parecer romántico pero me distraigo susurrándole al oído que hace tiempo la buscaba, ella gime, gime de deseo, pero no la complazco, no la dejo llegar, solo la seduzco manteniéndola en total vigilia. Quiere quitar su suéter, y la detengo, entonces lo hago a un lado y le beso lentamente el cuello, siempre sintiéndola, preguntándole si me siente.

—Te siento. —Me responde en un hilo melódico indescriptible.

Me siento excitado, ella acaricia mi sexo, la dejo ser, fluyen nuestras necesidades imperiosas de ser, y somos, y seremos si seguimos a este ritmo descomunal que me consuela la médula.

Mi cuerpo ha quedado sin huesos, no queda nada en mí, lo he dado todo, he recibido más de lo que imaginaba, y me siento conquistado por aquella mujer. ¡Qué conquista! Vale la pena sentirme abatido y no tener fuerzas de levantarse de la cama.

Suspiro para mis adentros, ella a mi lado tumbada respira como si hubiese corrido una maratón.

—Caminante, sí, cómo no.

—Flor del camino, frágil a mi destino.

Me levanto y me dirijo al baño. Pongo nuevamente mi ropa.

—Fue verdaderamente un placer.

Ella se ríe, se levanta de la cama, se pone una bata casi transparente y me da un beso largo y apasionado. Una despedida casi melancólica. No quiero soltar sus labios. Al cerrarse la puerta imagino que ella suspira al mismo tiempo que lo hago yo.

No hay capítulos que den una referencia de lo que me espera, de lo que sigue, que describa aquel encuentro apasionado y tranquilo. ¿Cómo termina esta historia que acaba de empezar?

Margaret me esperaba anoche. Aunque fingió que solo se había levantado por el ruido de la puerta. Puerta que no hace ningún ruido extremo al ser abierta. Esta mañana me levanto con aquella Flor en la cabeza, casi sintiendo su olor repaso cada momento mientras me preparo a afrontar la mañana. Jamás había sentido estas ganas de volar y llegar hasta ella, jamás había suspirado con tal fuerza. Me paro a observar por la ventana, de las mañanas más hermosas que he contemplado. Todo el cielo me saluda, me encuentro a su alcance, no debajo, sino sobre.

Ahora temo, temo encontrarme con Margaret. No sé cuál será su reacción, ¡la conozco tan bien…!, pero nunca sé qué esperar de ella. Bajo lentamente a la defensiva esperando ser atacado. Ahí viene sonriendo, delicada y frágil, dócil. Estaré soñando.

—Te preparé el desayuno. —Me dice, dándome un beso.

Desayunamos todos juntos, Dina y Emilio con su juramento inmemorable de que permanecerán más de lo imaginado juntos. Yo ahora preso de un remordimiento, creyendo que después de esta vida no había otra, y encontrando anoche aquella otra vida, ahora se alarga mi angustia, sin saber por cuál vereda continuar. Es muy temprano para decidir. Disfruto ahora de una Margaret sin un corazón envenenado. Su dulzura me sorprende y me gusta. Pero es Margaret, no sé por cuánto tiempo será así.

Me debato en dos fragancias. No puede más la una que la otra, y puedo sentirlas a ambas.

—He pensado mucho, y he llegado a la conclusión de que, si he de morir, será de amor. He sufrido mucho, he dejado que el dolor besara mi alma, fui cobarde. Perdóname.

La miro, creyendo que esas palabras no han salido de su boca, y ahora mirando su boca reparo un sorbo triste de su vida. Ha sufrido. Como todos, pero ha sufrido.

—No tengo que perdonarte de tu perturbado destino.

—¿Ya no me amas?

Guardo silencio y aquellas palabras me dejan en un suspenso de pétalos negros.

—Hace mucho que dejé de amarte y me dediqué a adorarte. Estuve convencido hasta ayer de que serías la única, que después de aquel bello sol ante el ocaso, en mi agónico existir, no habría más motivo por vivir. Pero pude descubrir que a tu lado me esperan juramentos falsos, inciertos, que no tendré paz ni agonía.

Ella llora, me arrepiento por cada una de mis palabras. Desde el fondo brotan suplicantes voces. Me acerco más, ella se aleja, no sin antes buscar consuelo en estas palabras.

—Yo te amé, aun sabiendo que así terminaría.

Quise retenerla pero se fue, sus palabras se quedan grabadas como dulces y tristes trinos. Y entiendo lo que quiso decir. Ella siempre ha creído que es diferente, que es un caos, un hoyo negro, que no hay salvación en ella. Tal vez por eso me alejaba siempre, intentaba protegerme. Llegan las imágenes de momentos en los que no entendía su comportamiento, tan extraña, tan lejana…, pero la sentía cerca, su mirada, su cuerpo pasando junto al mío, escuchaba cómo me llamaba. Y aquel primer día que nos conocimos, que nos miramos sin tiempo, nuestros ojos queriendo grabar el instante en una música que llora. Margaret me ama, y ahora estoy consumido por la culpa.

Voy a ver al Padre Sebastián. Qué grato es poder ver a un amigo. Tomar aquel café que sabe a buen diálogo.

—Estas aquí por Margaret.

—Y por usted.

—Ya me lo ha contado todo. Le di las propiedades de la casa. Esa fue mi casa. Fui el heredero de nuestro padre, Richard no fue el favorito, aunque si mi padre hubiese sabido en qué me convertiría, jamás hubiese sido yo.

—¿Tenía Margaret un hermano?

—¿Cómo sabes eso?

—Lo deduzco por una foto que encontré.

Se queda un momento pensativo, recordando y abrumado por una tristeza.

—Mi sobrino René Sumé, murió en aquella fuente del jardín. Era solo un niño. Esa casa siempre ha estado maldita. La muerte no deja de rondarla. Seduce a sus huéspedes, convirtiéndolos en amantes de su propia sangre, y luego se las hace beber.

Qué barbaridad, me digo para mis adentros. Vine aquí por menos información y me voy nutrido de cada secreto y hasta fantasmales miedos.

Me despido de Sebastián. Camino, pienso, amante ciego del atardecer me entrego sin dudarlo a aquel Restaurante.

La busco pero no está, necesito hablarle. El desahogo como siempre va a parar en un vaso.

Pasan las horas, y Margaret me viene a la cabeza como un rayo que parte en dos mi corazón. Fui demasiado cruel. Ella con su alma mustia y en perennal angustia demostró un amor que me basta.

Margaret siempre fue el lado sensitivo de mi corazón. Es la cara dulce de la mañana. ¿Por qué dejé que el ser inhumano que hay en mí la dejase sin las respuestas que ella esperaba? Sin la aceptación, y el amor que he acumulado por tanto tiempo, que solo de ella ha sido, y ahora que puedo tenerla huyo como un cobarde, de ella y de la criatura que me ha dado Dios la gracia de volver a tener. La hipocresía me hierve las sienes, ¿cuántas veces tomé de otras aguas sin reposo?

Iré a buscarla.

—¿Dónde está?

—En un sueño eterno y ligero.

Pálido, triste y macilento, me hayo ahora en la sombra de una triste despedida.

El ataúd, las lágrimas, mi corazón en las manos y por qué quiso que así fuera. Quiso así el destino enseñarme una gran lección, repetir una historia desde el comienzo hasta el fin, cambiando rostros y situaciones, pero dejando en mí la misma emoción. ¡Qué dolor! Todos lloran, yo permanezco tieso, asegurándole al destino que no he aprendido nada, que no soy culpable, que quien me sacó del camino fue Emilio, seguro de que cambiaría mi suerte, ¿suerte? ¿Quién dijo que no era yo feliz? Mírame ahora Emilio, le digo, mientras lo veo desplomarse junto al ataúd, pidiendo perdón. Dina, sentada en una silla, le acompaña con las súplicas, se pasa una y otra vez la mano por el vientre, como si el bebé ya fuese a nacer, puja y expulsa aire. Dolor y tristeza en cada rostro que sufre de arrepentimientos.

Me despido de los dos por última vez, no recuerdo cuánto tiempo pasó después de la boda, del memorable juramento y los buenos tiempos. Ahora ya no puedo recordar. Empiezo a desvanecerme…, mi mujer…, mi hijo… una tragedia.

Otras de mis epifanías. Despierto, la flor al lado del camino y llena de fe, me mira despreocupada. ¿Por qué siempre viene aquella mujer de ojos mansos y larga cabellera a visitarme? La olvido, me levanto del polvo, miro el camino que me queda por seguir y agradezco la soledad que me hechiza con una mirada al cielo. Y sigo deambulando por el camino incierto, dando pequeños pasos, y movido por aquel sol que calienta mi cabeza.

Siempre recuerdo a Margaret, como luz y tinieblas. Escribo a diario para ella, y cada noche que viene a visitarme sé que sonríe al leerlos.

Adiós, debo continuar, sé que te seguiré amando pero debo caminar para alcanzar el alba en otra mirada. Y es que enamorarse es clavarse uno mismo la daga por placer, sabiendo que siempre uno de los dos es el que más amó, y ese fui yo, el que más perdió porque todo te lo di.

Sigo caminando, aunque despacio, porque queda tiempo para decirte todo lo que ahora siento, y no es más que todos esos sentimientos que sembraste en mi pecho, regándolos con falsas promesas. Yo, un joven caminante, me sentí cautivado por tan bello paisaje, dejé el camino para adentrarme al bosque, siguiendo siempre tus caderas perdí el rumbo por la ladera.

Adiós, debo continuar... Sé que te seguiré queriendo pero me siento a salvo en la soledad del camino. Y es que después de saber que eres amante de cada hombre que por el camino pasa, prefiero el resplandor de la melancolía que tu dulce morada.

www.ingramcontent.com/pod-product-compliance
Lightning Source LLC
Chambersburg PA
CBHW020544030426
42337CB00013B/979